Gewidmet meinem Sohn Thomas,
mit dem ich oft über diese Themenfelder diskutierte.

GÜNTHER A. GERHAGER

TIME TO SAY GOODBYE?

„Die Geschichte lehrt die Menschen,
dass die Geschichte die Menschen nichts lehrt."
Mahatma Gandhi

1. Auflage März 2021

Vertrieb: Tycheverlag.de
Prinzregentenstrasse 7, 83022 Rosenheim

Titel: Foto: Ilkin Zefereli
Kreation: Atelier Hendrik Müller, 83128 Halfing

Beratung: Nicole Tschierse, Tierärztin
Schlachthof: 37186 Moringen

Webdesign: Dipl.-Ing. Thomas Gerhager, 83026 Rosenheim

Korrektorat: Petra Hölzle, 83561 Ramerberg

Herstellung: Digitalreprint GmbH, 83075 Bad Feilnbach

ISBN: 978-3-00-068407-4

Printed in Germany

Inhalt

Vorwort

Eine große Zeitung schrieb vor einigen Jahren in einem Artikel über mein erstes Buch, das von unserem Hund Anton, einem Tiroler Bracke Rüden sowie von Tierethik handelte:

"Vielleicht hat der Autor erst durch diesen engen Kontakt den Umgang von Menschen mit Tieren insgesamt zu hinterfragen begonnen".

Dieser Hund war nicht nur ein sehr schönes und intelligentes Lebewesen, sondern er kommunizierte tatsächlich in einer derart intensiven Weise mit uns, wo er sogar unmissverständlich den Tag seines Gehens von dieser Welt mir gegenüber bekundete. Mit der Erkenntnis, dass er von Dingen wußte, von denen wir keine Ahnung haben, wird einem ganz unheimlich.

Jedenfalls erscheint es unglaublich, wie gering das Verständnis und das Interesse in den ersten Jahrzehnten des Lebens über das Thema "Fressen und gefressen werden" und allen anderen Grausamkeiten auf dieser Welt ist.

Erst in späteren Jahren stellt sich eine tiefer gehende Sensibilität dafür ein. Vielleicht ist es auch etwas, was Philosophen im antiken Griechenland schon immer als die Weisheit des Alters bezeichneten.

So ist es auch unübersehbar, dass gerade in Deutschland wie auch in Frankreich wir eine Entwicklung von Gewalt und Terror in Gang setzen, deren Anfänge man heute schon beobachten kann.

Die gefährliche Rückkehr von fundamentalistischen Religionsgemeinschaften wird von der heutigen Politik völlig ignoriert. Aufgrund der Migrationspolitik der letzten Jahre hat man sogar den Eindruck, dass dies noch gefördert wird.

Unsere Kinder und Enkel werden das gewaltig zu spüren bekommen.

Homo erectus

Am Anfang war die Welt kalt, und für alle Lebewesen waren Pelze und Federn sehr wichtig, um sich warm zu halten. Da schaute der Donnergott hinab auf die kalte, unfreundliche Erde und er sah, dass es so nicht gut war. Da sandte er Blitze und Feuer.

Unser Vorfahre, der Homo erectus, der wie die Tiere lebte, machte sich dies zunutze und lernte vor etwa 700 000 Jahren dieses Feuer zu bewahren, um sich zu wärmen. Viel später, etwa vor 35 000 Jahren, entdeckte er, wie er das Feuer selbst entfachen konnte.
Schon eine Million Jahre früher stellte er Faustkeile her, wie Archäologen im Turkana-Becken in Kenia entdeckten. Wir nennen heute diese Epoche der Altsteinzeit die Acheuléen-Kultur. Anschließend fing er an, in Höhlen die Wände zu bemalen, und bastelte Werkzeuge aus Knochen.

So um 5000 v. Chr. wurde in Indien das Rad erfunden. Viele hundert Jahre benutzte er es ausschließlich als Töpferscheibe und kam in dieser Zeit nicht dahinter, es mittels eines Karren als Fortbewegungsmittel zu nutzen.

Viel früher, vor etwa 12 000 Jahren, zu Beginn der Jungsteinzeit, fand der Übergang von der Jäger- und Sammlerkultur zur Bauernkultur statt. Die Landwirtschaft entstand und er baute Getreide an und machte sich Tiere zunutze, indem er sie domestizierte.
Und um sich gegenseitig nicht mehr mit Faustkeil und Holzprügel totschlagen zu müssen, erfand man dann Schwerter und Speere, um sich damit effizienter zerhacken und massakrieren zu können. Später im 13. Jahrhundert entdeckte man in China, wie man aus Salpeter, Kohlenstoff und Schwefel Schießpulver (Schwarzpulver) herstellen konnte. In Kanonen verwendet konnte man sich damit noch effizienter umbringen, vor allen Dingen über größere Entfernungen hinweg.

Eine weiterer Fortschritt war im 13. und 14. Jahrhundert die Entdeckung der Seefahrt, wo diese Kanonen auch auf Schiffe verbracht werden konnten, um sich nicht nur auf dem Land totschießen zu können, sondern auch auf dem Wasser. Mit Entdeckungen neuer geografischer Zonen der Erde, vor allem durch Spanier, Engländer und Portugiesen, begann das Kolonialzeitalter – eine Epoche der Unterdrückung, Ausbeutung und Ausrottung von indigenen Völkern durch europäische Großmächte.

Natürlich eröffnete dieser Fortschritt auch den Viren und Bakterien die Möglichkeit, sich auf allen Kontinenten und Inseln der damaligen Welt auszubreiten, was erstmals den tausendfachen Tod für die indigenen Völker bedeutete, deren Immunsystem für diese eingeschleppten Krankheiten nicht gerüstet war.

Durch ungebrochenen Erfindergeist entdeckten dann die Nachfahren des Homo erectus, wie man sich auch am Himmel mit Flugzeugen fortbewegen konnte. Dies eröffnete die Möglichkeit, ganze Städte samt ihren Bewohnern mittels Bomben zu eliminieren.
Das Bombardement Nazideutschlands im Zweiten Weltkrieg, bei dem 500 000 Menschen meist durch

Brandbomben verkohlten, sowie die Bombennächte Tokios, in denen allein in einer Stadt 100 000 Menschen ausgelöscht wurden, sind noch durch die Erfindung der Atombombe übertroffen worden. Jetzt war zum Erreichen solcher Opferzahlen nur noch eine einzige Bombe notwendig.

Für diese Erfindung – nicht für die Heilung von Krebs oder den Welthunger – wurden viele Milliarden in den USA und in Russland bereitgestellt. Nach heutiger Kaufkraft kostete allein die Entwicklung der amerikanischen Atombombe 26 Milliarden US-Dollar. Diese Bombe konnte anfangs nur durch ein Flugzeug abgeworfen werden, da geeignete Raketen als Trägersystem erst entwickelt werden mussten.

Die ersten beiden Atombombenabwürfe, Anfang August 1945 im Zweiten Weltkrieg durch die USA über zwei japanischen Städten, geschahen auch nicht aus einer Lust am Massenmord heraus, sondern führten zur sofortigen Kapitulation Japans, was den USA die Invasion auf die japanischen Hauptinseln ersparte.
Diese hätte mehr als 100 000 meist noch jugendliche amerikanische Marines das Leben gekostet.

Im Frühjahr 1945 war von der amerikanischen Militärführung geplant, diese Bomben entweder über Mannheim/Ludwigshafen oder über Berlin abzuwerfen.
Nur eine Verzögerung bei der Entwicklung dieser Nuklearwaffen und die zwischenzeitliche Kapitulation Nazi-Deutschlands, verhinderte eine nukleare Apokalypse für Deutschland.

Heute nach dem langen Weg vom Faustkeil bis zur Interkontinentalrakete besteht die Möglichkeit, die gesamte Weltbevölkerung mittels Nuklearwaffen gleich mehrmals auszulöschen.
Diese Raketen kann man von Land, vom Wasser und aus der Luft abschießen.
Die US-Streitkräfte haben gerade einen Vorentscheid über die Anschaffung komplett neuer Interkontinentalraketen getroffen. Dass dafür die Kosten auf 62 bis 85 Milliarden US-Dollar geschätzt werden, soll wirtschaftlicher sein, als die alten Systeme zu erhalten.
Damit diese Information nicht falsch verstanden wird: Es geht hier nicht um eine Verächtlichmachung der USA, wo Deutschland und ganz Europa sich nach dem Zweiten Weltkrieg gerade

unter dem militärischen Schutzschild der USA so prächtig entwickeln konnte.

Der Schutzschild in den Jahren kommunistischer Aggression war notwendig, hätte aber trotzdem um ein Haar zur nuklearen Zerstörung (Kuba, Berlin) der halben oder der ganzen Welt geführt.

Eine Verächtlichmachung beträfe dagegen die gesamte Menschheit, die vom Anbeginn der Kulturen bis heute nicht fähig war, ein Leben ohne Waffen und Kriege zu führen.
So ist dieses Vernichtungspotential nur die logische Folge einer Entwicklung, die wie schon erwähnt mit dem Faustkeil begann.
Wenn man die weltweiten Militärausgaben von jährlich 1,92 Billionen US-Dollar (2019) betrachtet, weiß man nicht, ob die Menschheit völlig wahnsinnig oder völlig geistesgestört ist, was aber gleichgültig ist, da beides verlässlich irgendwann zum Untergang führt.

Man könnte jetzt auch sagen, der Homo sapiens hat es endlich geschafft, sich aus allen Situationen heraus vernichten zu können. Das stimmt aber nicht ganz, da man in einiger Zeit nämlich so weit

sein wird, dass man vom Weltraum aus ganze Kontinente ausradieren kann.
Von nur einem Atom-U-Boot der Ohio-Klasse, wie die USS Kentucky mit 24 thermonuklearen Interkontinentalraketen vom Typ Trident (Kosten pro Schiff 1,8 Milliarden US-Dollar), besteht die Möglichkeit schon heute, einen ganzen Kontinent auszulöschen.
Die Sprengkraft nur eines einzigen der 18 Boote der Ohio-Klasse ist gewaltiger als die Sprengkraft sämtlicher im Zweiten Weltkrieg eingesetzten konventionellen Sprengstoffe aller kriegführenden Nationen zusammen.

Deshalb gibt es Anthropologen, die überzeugt sind, dass wir nie Besuch oder Kontakt von extraterrestrischen Lebewesen bekommen werden.
Wenn nämlich deren Technologie so weit entwickelt ist, um dies zu ermöglichen, haben sich diese Lebewesen wahrscheinlich schon vorher mit dieser Technologie selbst ausgerottet.
Unsere eigene Entwicklung ist da ein gutes Beispiel für diese These.

So wird auch unsere Spezies wieder aussterben, so wie 99,99 Prozent der jemals auf der Erde gelebten

Arten wieder ausstarben, und es deutet auch nichts darauf hin, dass sie sehr lange bestehen wird.
Unter den 8,7 Millionen Arten (davon 6,5 Millionen auf dem Land und 2,2 Millionen im Wasser) ist der Mensch die einzige, die die Fähigkeit entwickelt hat, die Umwelt zu zerstören und somit das eigene Aussterben zu forcieren.

Dazu trägt er in jeder Sekunde zur Bevölkerungsexplosion mit 2,62 Geburten,
jede Stunde mit 10 000 und
jeden Tag mit ca. 230 000 Geburten bei.
Somit wird auch in sieben Jahren Indien das jetzt bevölkerungsreichste Land China überholt haben.

Jede Minute verschwinden 30 Fußballfelder Regenwald und
jede Minute produziert er 4000 Tonnen Müll.
In einem Jahr sind das 2,1 Milliarden Tonnen und mit einer geschätzten Zunahme von 70 Prozent bis zum Jahr 2050 sind das 3,4 Milliarden Tonnen Müll.

Jedes Jahr vermüllt er mit fast 30 Millionen Tonnen Plastikmüll (Bundesumweltamt) die Weltmeere. Fünf große Müllwirbel – der größte im

Nordpazifik ist fast so groß wie Europa – gibt es inzwischen in den Weltmeeren.
Jedes Jahr sterben über eine Million Seevögel und hunderttausend Meeressäuger an diesem Kunststoffmüll. Die Tiere verwechseln dabei die Plastikteile mit Nahrung und verhungern qualvoll mit vollem Magen. Wale, Delfine und Schildkröten verfangen sich in alten Fischernetzen und verenden elend. Wenn das so weitergeht, werden in drei Jahrzehnten mehr Plastikteile als Fische im Meer schwimmen.

Jedes Jahr fängt er in den Meeren 87 Millionen Tonnen Fisch und tötet dabei etwa 31 Millionen Tonnen sogenannten Beifang.

Da in der EU der Beifang verboten ist, darf er nicht verwertet werden und landet deshalb wieder im Meer. Allerdings sind heute inzwischen 10 bis 30 Prozent des Beifangs Kunststoffmüll, der aufgrund von Platzmangel auf den Trawlern auch wieder im Meer landet. Laut der FAO, der Ernährungs- und Landwirtschaftsorganisation der Vereinten Nationen, sind 75 Prozent der Bestände überfischt und ausgebeutet, die restlichen 25 Prozent sind unmittelbar gefährdet. Der industrialisierten Fischerei ist das Aussterben der Arten in den Ozeanen zuzuschreiben.

Wale hat er fast ausgerottet. Bei dem blutigen Gemetzel des Walfangs wurden noch in den 30er Jahren des 20. Jahrhunderts allein in der Antarktis jährlich über 40 000 Wale abgeschlachtet. Nachdem Walöl Jahrhunderte als Lampenöl Verwendung fand, wurde es nach den ersten Erdölbohrungen durch Petroleumlampen abgelöst. Man brauchte es aber dann zur Herstellung von Nitroglyzerin für Sprengstoff und Granaten und in der neu erfundenen Margarineindustrie. Wale sind hochintelligente Lebewesen, die untereinander über tausende Kilometer kommunizieren und in Familienverbänden ihre Jungen aufziehen.

Jeden Tag stellt er etwa 240 000 Autos (PKWs und Nutzfahrzeuge) her, wobei China seit 2018 mehr als ein Drittel aller Autos herstellt und damit inzwischen weltweit an erster Stelle steht.

Jeden Tag vernichtet er unwiderruflich etwa 130 Arten, wo sich gerade der Verlust an Lebensraum für die meisten Arten als tödlich erweist. Unter anderem durch immer mehr Straßen für 1,3 Milliarden Autos. Es ist das sechste große Artensterben in der Geschichte unseres Planeten und das erste, das nicht durch Naturkatastrophen verursacht wird, sondern durch den Menschen.

Jeden Tag bewegt er 90 000 große Schiffe auf den Weltmeeren, die pro Jahr etwa 370 Millionen Tonnen Treibstoff verbrauchen und dabei 20 Millionen Tonnen Schwefeloxid produzieren. Dazu kommen unzählige Jachten und Sportschiffe.

Dabei stört er Tag und Nacht mit dem Lärm von Millionen Schiffsschrauben die gesamte Meeresfauna. Dieser anthropogene Lärm, der sich im Wasser über hunderte Kilometer ausbreitet, schädigt Fische, Meeressäuger und andere Meerestiere.

Die Folgen davon sind ein herabgesetztes Fortpflanzungsverhalten, Orientierungsprobleme und eine vermehrte Ausschüttung von Stresshormonen bis hin zu Verletzungen und Tod.

Die Emissionen dieser Schiffe haben auch schwerwiegende Folgen für die menschliche Gesundheit. Man geht davon aus, dass in Europa etwa 50 000 vorzeitige Todesfälle auf diesen Schadstoffausstoß der Schifffahrt zurückgehen.

Dazu verpestet er mit etwa 1 Milliarde Auspuffrohre von Autos Tag und Nacht unsere Atemluft mit giftigen Schadstoffen.

Jeden Tag fliegt er mit 200 000 Flugzeugen in dieser Luft herum, wobei aber deren Schadstoffbilanz bis auf die Kondensstreifen gar nicht so schlecht ausfällt, jedenfalls im Vergleich zum Auto und zum Schiffsverkehr.

Bei entsprechender Sättigung von Feuchtigkeit und bei entsprechender Kälte der Luft in 8 000 bis 15 000 Metern Höhe entstehen Kondensstreifen, wenn heiße wasserdampfhaltige Abgase aus Flugzeugtriebwerken auf kalte Luft treffen. Auch kondensiert an den winzigen Abgaspartikel der Wasserdampf zu kleinen Tröpfchen und Eiskristallen.

Nicht nur, dass mich dies im Winter beim Skifahren in den Kitzbühler Bergen deshalb furchtbar aufregte, weil sich manchmal bei dem erheblichen Flugverkehr derart viele Kondensstreifen bildeten, dass sich dadurch ein am Vormittag noch wunderschöner blauer und wolkenloser Himmel bis etwa 13 Uhr in eine diffuse Wolkenschicht verwandelte.

Man muss kein Wissenschaftler sein, um zu begreifen, dass diese vom Menschen gemachte Wolkenschicht wie ein Filter oder wie ein Reflektor für die Sonneneinstrahlung wirkt.

Tatsache ist, dass sich diese Streifen ausweiten und miteinander verbinden und sich zu sogenannten Zirruswolken entwickeln, die bis zu 30 Kilometer breit sein können.
Diese harmlos aussehenden Kondensstreifen schaden dem Klima mehr und heizen die Erde stärker auf, als das von den Triebwerken der Flugzeuge ausgestoßene Kohlendioxid.
Sie verhindern, dass die von der Sonne empfangene Wärme wieder in den Weltraum abgestrahlt wird.

Laut der DLR-Studie können die Kondensstreifen-Zirren über Mitteleuropa zeitweilig bis zu zehn Prozent des ganzen Himmels bedecken.
In Kitzbühel waren es, nach Verbindung und Verbreiterung der Streifen, meistens bis zu 90 Prozent. Dass nicht nur ich, an der Hauswand einer Berghütte in der Sonne sitzend, sondern auch die ganze Flora und Fauna den künstlich verminderten Sonnenschein nicht schätzten, dürfte verständlich sein.

Jedes Jahr zerstört der Mensch 130 000 Quadratkilometer Wald, was fast der doppelten Fläche von Bayern entspricht, stellt für 44 Milliarden Dollar Pestizide her und verstreut 850 000 Tonnen Glyphosat.

Alle Luftschadstoffe wie Feinstaub, giftige Gase wie Kohlenmonoxid und Schwefeldioxid, haben schädliche Auswirkungen auf Gesundheit und Umwelt und tragen auch dazu bei, dass Menschen, Pflanzen und ganze Ökosysteme anfälliger auf Krankheitserreger wie Viren, Parasiten, Bakterien sowie auf Trockenheiten und hohe Temperaturen reagieren.
Seit Beginn des Industriezeitalters vergiften wir uns und die übrige Natur durch das exorbitante

Ansteigen dieser Schadstoffe, verursacht durch den extremen Bevölkerungszuwachs, der nur in der kurzen Zeitspanne von 1974 bis heute fast 100 Prozent betrug.

Aber in Deutschland findet man es intelligent, die Bevölkerungszahlen noch mehr zu steigern um noch mehr Schadstoffe, Verkehr und Konsum zu generieren und unterstützt mit schon bald halbjährlichen Ankündigungen einer Kindergelderhöhung oder Ähnlichem den Anreiz für noch mehr Kinder.

Gerade die Millionen neuer Mitbürger aus islamischen Ländern, wo wir nicht aufhören diese in großer Zahl in unser Land zu holen und die traditionell viele Kinder haben, freut das besonders.
Für sie ist Deutschland mit dem Geldsegen, den sie nicht mal ansatzweise aus ihrem Heimatland kennen, wie das Paradies oder wie eine in Erfüllung gegangene Prophezeiung.

In meiner Heimatstadt mit 65 000 Einwohnern sind so viele Frauen mit Kindern sowie Gruppen hauptsächlich männlicher Jugendlicher aus Afrika, dem Balkan und dem Nahen und Fernen Osten auf der Straße, dass man manchmal meinen könnte, man ist im Kongo, in Kabul oder in Bagdad und nicht in Oberbayern.

Überbevölkerung wird zeitnah das größte Problem der Menschheit sein. Auch in europäischen Ländern, insbesondere in Deutschland. Trotzdem fördern unsere Politiker den massenhaften Zuzug bildungsferner verarmter Menschen, mit oftmals durch Gewalt geprägter Kindheit, deren soziale Entwicklung, wie uns Psychiater sagen, mit dem zwölften Lebensjahr abgeschlossen und im Wesentlichen nicht mehr veränderbar ist.

Mit der Überbevölkerung nehmen Rücksichtslosigkeit, Aggressivität, Krankheiten, Seuchen, Kriminalität, Vergewaltigungen und Gewaltverbrechen immer mehr zu.
Wenn die Sozialtransfers und die Alimentierungsveranstaltung aufgrund veränderter Wirtschaftslage nicht mehr in dem Maße funktionieren wie heute, werden wir unser blaues Wunder noch erleben.

Ein Beispiel dazu ist auch das Verhalten von Ratten. Wenn man zu viele in einen Käfig sperrt, entwickeln sie Kannibalismus.

In manchen Großstädten sieht es am Morgen vor den Ladengeschäften und Passagen, durch Abfall, Bierflaschen, Erbrochenem und Zigarettenkippen manchmal jetzt schon aus, wie in den meisten Städten der Dritten Welt.

Aber das ist die von vielen Menschen in Deutschland gewollte neue „Ordnung". Ansprechen darf man die Verursacher auf diesen Dreck ja nicht, das wäre lebensgefährlich.

In der freien Natur ist es so, dass wenn eine Population sich über die Maßen vermehrt, oftmals Krankheiten und Seuchen unter dieser auftreten.
Die Natur hat nämlich das Bestreben, Gleichgewicht und gleiche Lebensbedingungen wiederherzustellen. Das funktioniert nur, wenn der Bestand einer übermäßig gewachsenen Population sich wieder auf ein gesundes Maß reduziert.

Dafür hat die Menschheit als Teil dieser Natur auch schon vorgesorgt und gibt jährlich schon mal 1,92 Billionen US-Dollar (2019) für Rüstung und Waffensysteme aus, um zukünftig eine Reduzierung der übermäßig wachsenden Population zu erreichen.

Dass dies genauso wie die Erfindung und Entwicklung von Nuklearwaffen zur Massenvernichtung eine Entfaltung des menschlichen Geistes ist, wird verständlicher machen, dass alles was unseren Gehirnen entspringt, Teil dieser Natur ist.

So sind wahrscheinlich auch Krankheitserreger ein wichtiger Teil eines funktionierenden Ökosystems und sorgen für dessen Stabilität. Genauso wie große Raubkatzen die Anzahl der Antilopen stabil halten.

Daher haben auch Erkrankungen wie Pest, Ebola, Lassafieber, Coronaviren, Cholera, Pocken, Malaria, Spanische Grippe, Typhus, Tuberkulose und Aids, wo jede Krankheit jeweils Millionen Tote forderte, die menschliche Population in einer für das gesamte Ökosystem verträglichen Anzahl gewissermaßen stabilisiert.

Durch den Fortschritt in der Medizin hat der Mensch es geschafft, dieses Regulativ weitgehend zu eliminieren.

Die daraus resultierenden dramatischen Probleme einer exponentiell steigenden Bevölkerungszahl sind eine Bestätigung meiner schon immer aufgestellten These, dass jeder, und zwar absolut jeder Eingriff in Bereiche der Natur irgendwann zu

Verwerfungen führt. Die dadurch verursachten Auswirkungen sind lediglich eine Frage der Zeit.

Dass die Alten, Kranken und Schwachen zuerst und gehäuft diesen Seuchen unterlagen, ist besonders tragisch aber einer natürlichen Auslese geschuldet, die für die Entwicklung jeder Art essentiell war, nicht nur bei Tieren und Menschen, sondern auch bei allen Pflanzen.
Dass diese Auslese weder für die Antilope noch für den betroffenen Menschen erfreulich ist, braucht man wohl nicht zu erwähnen.

Interessant ist auch, dass es in der Entwicklung des Lebens eine immer wiederkehrende Parallele gab, nämlich die, dass gerade Lebewesen, die sehr erfolgreich waren, irgendwann ausstarben. Erfolgreichere Lebewesen konnten sich durch überragendere Fähigkeiten müheloser Nahrung beschaffen und brachten mit hoher Wahrscheinlichkeit auch vielmehr Junge durch als andere. Zusätzlich konnten sie sich erfolgreicher verteidigen und somit vermehrte sich diese Population so stark, dass letztlich ein Ungleichgewicht in der Natur entstand und ihre in Frage kommenden Beutetiere völlig ausgerottet wurden.

Somit verhungerten sie.
Daher ist es ein Irrtum zu glauben, dass in der Natur immer nur die Stärksten überleben.
Die Evolution hat auch keine Zielvorgabe, um immer bessere Arten zu forcieren. Gut genug ist für sie alles, was sich erfolgreich seinen jeweiligen Lebensbedingungen anpasst.

Mentale Kraft statt physische Stärke, gepaart mit einem großen Mangel an Dummheit, ist daher das Mirakel für ein erfolgreiches Leben.

Da die durchschnittliche Verweildauer einer Spezies auf Erden etwa fünf Millionen Jahre beträgt, müssten wir also noch 4,7 Millionen Jahre existieren. Eine unvorstellbare lange Zeit, um dem Durchschnitt für den erst seit 300 000 Jahren existierenden Menschen nahezukommen.

Hält eine solche Menschheit dies durch, die seit ihrem Erscheinen Gewalt, Krieg, Gemetzel und unvorstellbare Gräuel, Versklavung und Folter, vollführt an unserer eigenen Art wie auch an unseren mitlebenden Verwandten, den Tieren, praktizierte?
Die seit 1400 v. Chr., also die letzten 3400 Jahre, mehr als 14 000 Kriege führte.

Als ersten Krieg in dieser Aufstellung zählt man die Eroberung Kretas durch die minoische Kultur in der Bronzezeit, 1400 v. Chr.

Zu diesem Zeitpunkt begannen die Menschen mit Aufzeichnungen über kriegerische Auseinandersetzungen.

Die ersten Spuren

Seit vor etwa 4,5 Milliarden Jahren die Erde entstand, schwankte das Klima teilweise beträchtlich. Mehrmals, das letzte Mal vor 700 Millionen Jahren, war die Erde kein blauer, sondern ein weißer Planet, wie ein Schneeball.
Die Vereisung war extremer als in den Zyklen von Warm und Kaltzeiten alle 100 000 Jahre.

Vorteilhaft für die Entwicklung des Lebens auf der Erde war aber, dass meistens eine Warmzeit vorherrschte, während der sogar Nordpol und Südpol frei von Eis und Schnee waren.

Die ersten Spuren von Leben fanden in molekularen Bereichen statt. Es waren Amöben, Algen und Bakterien.
Die Symbiogenese, welche einzellige oder mehrzellige Bakterien zu einem Organismus mit einem Zellkern verschmelzen ließ, war die Grundbedingung zur Entstehung allen uns heute umgebenden Lebens.

Amöben gehören wie wir und alle Säugetiere dem Gefilde der Eukaryoten an, die somit Urahnen allen höheren Lebens sind. Bakterien gehören zur Familie der Prokaryoten. Die Prokaryoten entwickelten zwar eine ungeheure Vielfalt, sind aber stets klein geblieben.

Eukaryoten sind einzellige Lebewesen mit einem Zellkern. Zu den Eukaryoten gehören Einzeller, Algen, Pflanzen, Pilze, Tiere und Menschen. Der Zellkern beinhaltet und schützte bei Eukaryoten die Erbsubstanz der Zelle, die wir heute als DNA bezeichnen.

Lange Zeit glaubte man, dass Eukaryoten über drei Milliarden Jahre alt sind.

Neueste Forschungen fanden aber heraus, dass sie nicht älter als 1,5 Milliarden Jahre sein sollen. Man fand in 1,5 Milliarden Jahre alten Mikrofossilien den Beweis für ihre Existenz.

Nach der Endosymbiontentheorie entwickelten sich Eukaryoten aus den Prokaryoten, deren Zellen dann auch viel größer waren.

So fraß ein Archaeon (Urbakterium) ein Bakterium, verdaute es nicht und erklärte es stattdessen zu seinem Energieproduzenten. Das gefressene Bakterium war somit der Vorfahr der eukaryotischen Mitochondrien – jener Zellorganellen, die einzig und allein für die Energieproduktion der Zellen zuständig sind.

War das der erste Mord in der Geschichte des Lebens von einer Lebensform, von der wir abstammen?

Ein wichtiger Schritt zur Entwicklung höherer Lebewesen war wie schon erwähnt der Übergang vom Einzeller zum Vielzeller. Dieser war eine der wesentlichsten Voraussetzungen für die Evolution komplexer Lebewesen.
Nach neuester Erkenntnis in der Wissenschaft breiteten sich höhere Vielzeller dann aber erst vor 500 Millionen Jahren aus.

In Norden Kanadas sind Wissenschaftler unlängst aber doch noch auf Spuren von Mikroben gestoßen, die mutmaßlich vor rund 3,77 Milliarden Jahren lebten. Es wäre der älteste Fund von Leben. Erste Mikroorganismen hätten den Planeten somit schon 800 Millionen Jahre nach seiner Entstehung besiedelt.
Ob es seit 3,77 Milliarden Jahren komplexe Moleküle auf der Erde gibt oder erst seit 1,5 Milliarden Jahren, wird nicht wirklich ausschlaggebend sein.

Viel interessanter wäre es zu wissen, ob das Leben nicht doch aus dem Weltall kam.

Die einst belächelte Hypothese, dass organische Verbindungen oder sogar die ersten Lebewesen aus dem Weltall auf die Erde kamen, ist nach heutigem Wissensstand durchaus im Bereich des Möglichen. Organische Verbindungen sind im Weltall sehr häufig und können im Wassereis von Kometen durch das All reisen.

Auf der Oberfläche des Mondes sehen wir tausende Einschlagkrater von Asteroiden und Meteoriten. Es gab eine Zeit, als auch auf der Erde diese Einschläge mit dieser Häufigkeit geschahen. Durch Bodenerosion und Verwitterung auf der Erde erkennen wir diese Krater nur nicht mehr.
Viele verglühten auch in der Atmosphäre der Erde. Der bekannteste Einschlag eines Asteroiden mit mehreren Kilometern Durchmesser geschah vor ca. 65 Millionen Jahren im heutigen Mexiko. Er riss einen Krater von 180 Kilometern Durchmesser. Der Einschlag schleuderte so viel Staub in die Atmosphäre, dass die Sonne für hunderte von Jahren verdunkelt wurde. Dadurch starben auf der

ganzen Welt Pflanzen und Tiere aus, was wahrscheinlich auch das Ende der Dinosaurier bedeutete.

Vor 500 Millionen Jahren im Kambrium stellte sich auf der Erde ein milderes Klima ein und der Sauerstoffgehalt in der Atmosphäre wie auch in den Ozeanen nahm langsam immer mehr zu.
In dieser Zeit entwickelte sich das Leben explosionsartig, gerade in den Urozeanen. Wir bezeichnen daher diesen Entwicklungsabschnitt als die „kambrische Explosion."

Es war aber kein Leben, von dem der Prophet Jesaia in Vers 65:25 sprach, wo:
„Wolf und Lamm zugleich weiden, der Löwe Stroh frisst wie ein Rind, und die Schlangen Erde fressen. Sie werden nicht schaden noch verderben auf meinem ganzen heiligen Berge, spricht der Herr."

Der Prophet Jesaja lebte in der Hauptstadt des Reiches Juda in Jerusalem um 700 v. Chr. und verkündete den Menschen den Willen Gottes. Schon zu dieser Zeit gab es Menschen, denen das System von Fressen und gefressen werden ein Gräuel war.

So rief auch der Wanderprediger Jesus aus, als er zum Passahfest den Tempel von Jerusalem betrat und das Blut hunderter geschächteter Lämmer sah: „Ihr macht das Haus Gottes zu einer Mördergrube.“ Er sagte nichts von einem Schlachthaus, sondern sprach von Mord.

Häufig wird es kritisiert, wenn jemand eine Problematik beschreibt, aber keine Lösungsvorschläge dafür hat.
Für dieses Drama des Lebens, das man als Wunder des Lebens bezeichnet, gibt es aber keine Lösung.
Ich habe nicht mal für mich selbst und für meine Familie eine Lösung und bin auch leider bis heute kein Vegetarier.
Lediglich mein Sohn isst kein Fleisch mehr, was aber eine Vorgeschichte hat.
Er wohnte bis vor fünf Jahren in einem Bauernhof auf 820 Meter Höhe. Unmittelbar neben seinem Hof war ein großer Bauernhof, der bewirtschaftet wurde.
Dort bekamen er und seine Frau fortlaufend mit, wie der Bauer die Tiere mit einem Prügel schlug.
Bekamen Kühe, meist ab Februar und März, Kälber, wurden diese sofort nach der Geburt im Freien an der Hauswand in einen Gitterpferch

gesteckt, wo lediglich eine Plane auf den Gitterkäfigen als Dach fungierte. Die jungen Kälber konnten sich in den kleinen Käfigen nicht mal umdrehen und froren nachts erbärmlich, bis ein Viehhändler sie abholte und zu einem Zuchtbetrieb oder gleich ins Schlachthaus brachte.

Im Stall wollte er sie deshalb nicht halten, weil sonst die Mütter das Schreien nach ihren Kälbern auch nach Tagen nicht aufhören würden, da sie ihre Jungen riechen und diese instinktiv säugen und beschützen wollten. Da sie aber angekettet waren, konnten sie ja sowieso nicht zu ihnen.
Die Milch ihrer Mutter bekommen die Kälber sowieso nicht, sondern ein Milchpulver mit Wasser angerührt. Die Milch trinken wir und machen daraus Käse und Joghurt.

Häufig, wenn ich von meinem Haus auf dem Weg zur Stadt an einem Bauernhof vorbeifahre, stehen im Freien an der Hauswand die gleichen Käfige, in denen manchmal Tag und Nacht ganz kleine Kälber stehen. Dies obwohl der Bauer Wiesen und Felder genug hätte.
Da ich von meinem Wohnsitz in Tirol Kälber kenne, die in kleinen Gruppen auf Bergalmen

herumspringen und sich des Lebens freuen, ist es jedes Mal im höchsten Maße deprimierend, diese armen kleinen neugeborenen Kälber in der Kälte mutterseelenallein in den Einzelkäfigen stehen zu sehen.
Auf der Bergalm kommen sie immer in Gruppen an den Weidezaun und wollen spielen und gestreichelt werden.
Es ist offensichtlich das Leben selbst, das grausam ist, alles andere ist nichts als eine Wunschvorstellung.

Es gäbe aber die Möglichkeit, diese Thematik einer realistischeren Denkweise zuzuführen. Das Gegenteil ist aber der Fall.
So haben sich die Menschen daran gewöhnt, alles Grauen zu verdrängen und dieses Verdrängen als Lebensphilosophie zu akzeptieren. Vielleicht wäre das „Hinsehen“ und nicht das „Wegsehen“ ein zwar unbequemer, aber letztlich effizienter Weg, das Leid der Tiere zu lindern.

Während ich dies schreibe, stehen etwa 10 000 über zwei Meter große Kragenbären in Vietnam und in China in engen Gitterkäfigen. Sie haben ein Rohr im Bauch, das zur Galle führt, wo man ihnen

mehrmals am Tag unter höllischen Schmerzen Gallensaft abzapft.
Sie sind durch die Gitter fixiert und können nur noch den Kopf bewegen, den sie sich deswegen an den Gitterstäben selbst blutig schlagen.
Es läge nahe, dass sie sich dabei selbst töten wollen, um ihr etwa 25 Jahre dauerndes Martyrium zu beenden. Die meisten werden wegen der dadurch entstehenden Infektionen am Kopf und des Eiters in den Augen blind.
Aus dem Gallensaft macht man Potenzpillen.
Was sind wir doch für eine schmutzige und grausige Spezies zu der man nur sagen kann, „Time to say goodbye“.

Nur noch eine für viele sicher unbedeutende Geschichte, keine grausamen Tierversuche oder ähnliches.
Wie ich jetzt gerade mit meinem Hund vom Morgenspaziergang nach Hause gehe, sehe ich in der Nachbarschaft, dass Kinder an vier übereinander gestellten Käfigen mit jungen Hasen spielen. Die Käfige sehe ich dort zum ersten Mal.
Unter Spielen verstehen diese Kinder, dass sie die völlig verängstigten Tiere mit dünnen Holzspänen dauernd piksten.

Sagt denn den Kindern niemand, dass sie mit lebenden Mitgeschöpfen „spielen", die eigentlich in der Natur in einer Hasenfamilie aufwachsen und in Freiheit im duftenden Gras umherspringen und sich des Lebens freuen sollten.
Stattdessen verbringen sie dieses Leben in einem Gefängnis, das so klein ist, dass sie sich gerade noch umdrehen können.
Der Blick aus dem Drahtkäfig auf die gepflasterte Garagenzufahrt ist, neben den Kindern, die sie dauernd stechen, und dem Menschen, der ihnen mal den Hals durchschneidet, das Einzige, was sie in ihrem Leben sehen werden.
Wenn Kinder schon mit der Erfahrung aufwachsen, dass Tiere nur zum Spielen und zum quälen da sind und in Käfigen vegetieren, wie soll sich bei ihnen im Laufe ihres Lebens ein anderes Verständnis entwickeln.

Mir war als Kind schon immer suspekt, dass Figuren aus dem Religionsunterricht wie Abraham immer einem jungen Lamm oder einem Zicklein das Leben nahmen, um es dem „Herrn" zu opfern.
Schon in der Antike war es vor allem Pythagoras mit seinen Anhängern, der von einer kosmischen

Gemeinschaft aller Lebewesen überzeugt und energisch gegen das Opfern von Tieren war.

Oder auch zu Ostern. Ich bin in einer Bäckerei aufgewachsen. Gebackene Osterlämmer mit einer kleinen Fahne darauf als Kuchen zu vertilgen war selbstverständlich.
Mit so einem gebackenen Osterlamm, zusammen mit einem geräucherten Stück Fleisch vom Körper eines Schweines und farbigen Ostereiern sowie einem Palmkätzchen-Wedel schickte man mich am Ostersonntag immer in die Kirche, um alles weihen zu lassen. Da mir das als Bub schon albern vorkam, ging ich immer spazieren und wartete bis die Messe wieder aus war. Zuhause log ich dann und sagte, dass ich in der Kirche war. Sie aßen den Schinken dann immer mit Andacht, weil sie meinten, er wäre geweiht.

Die für mich wichtigste und interessanteste Frage, die ich extraterrestrischen Besuchern auf der Erde stellen würde, ist, ob das Prinzip vom Fressen und Gefressenwerden auf ihren Heimatplaneten auch gilt und ob sich die Lebewesen auf anderen Planeten auch gegenseitig töten und aufessen.

Da die Menschen vor ein paar tausend Jahren ein schlechtes Gewissen hatten, wenn sie Tiere töteten, gaben ihnen erfundene Religionen die Rechtfertigung dazu.
Es war die Ausbeutungslehre der katholischen Kirche, die ihnen auch später die Rechtfertigung dazu gab, Millionen sogenannter Heiden in Mittel- und Nordamerika wie auch in Afrika abzuschlachten. Im Islam verhielt es sich mit den Massakern an Ungläubigen, besonders in Afrika und Indien, nicht anders.

Es gibt natürlich keinen Zweifel, dass für uns Menschen am Ende der Nahrungskette das Leben in einer sogenannten zivilisierten Welt mit Zentralheizung und Supermarkt schon erstrebenswert ist. Uns will im Normalfall auch niemand mehr totschlagen, weil er uns essen will.
Und außer, dass uns ein getunter BMW oder Audi-Mittelklassewagen auf der Straße totfährt, (oder einer der wahnsinnigen Fahrradfahrer auf dem Fahrradweg, wo manche dahinrasen, als hätten sie eine Lizenz zum Töten) läuft vor unserer Wohnhöhle auch kein Säbelzahntiger mehr vorbei, der auf uns Appetit hat.

Allerdings muss man einschränken, dass in den letzten Jahren eine neue Gefahr für unser Leben entstanden ist. Nämlich die, dass man als Mann nachts in der Innenstadt erstochen und als Frau (nur) vergewaltigt wird.
Auch ziemlich neu ist eine Lebensgefahr in Fußgängerzonen und auf Weihnachtsmärkten, einem Terroranschlag mittels einem Lkw zum Opfer zu fallen.
Dafür sind die Zugänge zu solche Veranstaltungen allerorts jetzt extra mit Betonblöcken eingerahmt. Da frage ich mich aber, was diese Maßnahme mit den Betonblöcken auf sich hat, da man uns immer erzählt, dass so eine Gefahr gar nicht besteht.
Momentan allerdings finden wegen Corona sowieso keine Veranstaltungen mehr statt.

Eine Chronik der größten islamistischen Anschläge in Europa seit 2015, die wir zum größten Teil schon wieder vergessen haben, kann man im Internet auf der Homepage der Neuen Zürcher Zeitung unter „nzz.ch“ (Terroranschläge in Europa seit 2015) nachlesen.
Allerdings ist für unsere psychische Gesundheit das Vergessen von negativen Ereignissen nicht unwichtig. Wie sonst könnten wir den Tod von

lieben Angehörigen verarbeiten oder eigene schwere Rückschläge.
In unserer totalen Konsumgesellschaft sind die Ablenkungen dafür umfangreich, was einerseits ja nicht schlecht ist. Andererseits haben wir mit unserem Konsumwahnsinn einen gesunden Mittelweg schon längst überschritten.

In einem Supermarkt dieses gigantische Warenangebot an Lebensmitteln zur Verfügung zu haben, ist wie eine Geschichte aus meiner Kindheit – die vom Schlaraffenland.
Nur wie viele Menschen auf der Erde können sich dies leisten. Und wie viele können sich dies nur leisten, wenn sie dafür das ganze Leben lang, Tag für Tag, einer stupiden Arbeit nachgehen.

Ist es aber überhaupt durchführbar, dass alle der fast acht Milliarden Menschen (außer Kinder natürlich) ein Auto fahren, noch mehr Chemikalien produzieren, noch mehr Flugzeuge, Schiffe, Autos, Ölheizungen und Industrieprodukte benötigen,
noch mehr fossile Brennstoffe verheizen, mit noch mehr Kohlendioxid und Feinstaub und anderen Giften unsere Atemluft anreichern, noch mehr Atomkraftwerke bauen, noch mehr Böden mit

Beton und Bitumen versiegeln und noch mehr Verkehr und Straßen generieren usw.
Es ist heute schon so, dass überall, wo man hinkommt, nur noch Massen unterwegs sind.
Sogar, wie man 2019 auf Fotos im Stern sehen konnte, am höchsten Gipfel der Erde, dem Mount Everest.

Als mein Sohn als Architekt in Shanghai/China war, sagte er mir, dass wenn ich vom Wahnsinn der Überbevölkerung und von Menschenmassen spreche, ich Städte wie Chongqing mit 34 Millionen Einwohnern oder Shanghai mit 21 Millionen Einwohnern mal sehen müsste, erst dann würde ich überhaupt wissen, von was ich spreche.

Ich glaube aber, dass das Entsetzen noch viel größer wäre, würde man die Slums von Mumbai mit sechs Millionen oder die Kalkuttas mit vier Millionen Menschen sehen.
Hunger, mangelnde Müllentsorgung und unzureichende Wasserversorgung führen zu Seuchen wie Tuberkulose, Lepra, Malaria und anderem. Die sozialen Auswirkungen im täglichen Kampf ums Überleben sind verheerend.

Da in ganz Indien etwa 68 Millionen Menschen in solchen Slums vegetieren, wäre bestimmt für

deutsche Gutmenschen und auch für Linke und Grüne noch viel zu tun, diese 68 000 000 armen Menschen unbedingt zu uns nach Deutschland zu verbringen. Man stelle sich nur die Millionen armer Kinder vor.
Dieses Engagement wäre damit aber nicht zu Ende, da weltweit schätzungsweise eine Milliarde Menschen in Slums leben.
Peter Scholl-Latour sagte mal dazu, „wer halb Kalkutta aufnimmt, rettet nicht Kalkutta, sondern der wird selbst Kalkutta".
Wie ich schon ausführte, wird Indien in sieben Jahren China als volkreichsten Staat der Erde überholt haben.

Trotzdem gaben wir unseren Wohnsitz nach 25 Jahren in Italien am Gardasee auf, weil uns da schon die von Jahr zu Jahr exorbitant zunehmenden Touristenmassen aufregten.
Zum Schluss gab es am See pro Jahr 24 000 000 Übernachtungen in 30 000 Ferienwohnungen, 2000 Hotels und auf 65 Campingplätzen. Dabei gibt es Campingplätze, die so groß sind wie 50 Fußballfelder mit drei Supermärkten.
Merkwürdig, dass wir in den ganzen Jahren am Gardasee keine der riesigen Kläranlagen sahen, die

bei 24 Millionen Übernachtungen plus der Residenten und plus der einheimischen Bevölkerung eigentlich vorhanden sein müssten.
Ich kann mir denken, wohin die Abwässer einfließen, dort wo sie schon früher hingeflossen sind.
Schon 1980, bevor wir einen Wohnsitz auf der Westseite des Gardasees hatten, mieteten wir am Ostufer eine kleine Dachgeschosswohnung mit großer Terrasse direkt am See, mitten in Lazise.
Ich schreibe dies, da wir gerade beim Frühstück einen Bericht im Internet über Lazise sahen. Unter anderem wurde in diesem Film über die Gardaseefische und die Wasservögel vor Lazise berichtet und dabei im Film genau ein Seeabschnitt vom Wasser aus gesehen links von Lazise gezeigt.
Interessant dabei ist, dass unsere Dachterrasse einen offenen Grillkamin hatte und ein Bekannter aus der Nachbarwohnung manchmal beim Grillen bei uns war. Deshalb hatten wir die Idee, zur Abwechslung mal selber ein paar Fische zum Grillen zu fangen.
Mehr aus Sicherheitsgründen war eine kurze, aber starke Luftdruckharpune an Bord meines Schiffes.
An der oben genannten Stelle sah ich beim Auslaufen aus dem Hafen immer Schwärme von großen Fischen.

Mit Taucherbrille und Schnorchel wollten wir mit der Harpune ein paar dieser Fische fangen. Es gab an diesem Tag dann aber keine gegrillten Fische, weil wir mit Entsetzen sehen mussten, dass die meisten Fische Geschwüre auf der Haut hatten.
Darüber gibt es vom Gardasee keinen Filmbericht und auch keinen Reisebericht, mit vielen schönen Fotos. Wir aßen wochenlang keinen Fisch mehr.

Wenn man meint, dem entfliehen zu können, und im Mittelmeer mit einer Segeljacht in Griechenland, der Türkei oder Kroatien schöne Plätze und Buchten ansteuert, wird man ganz schnell von der Realität eingeholt. Durch den extrem ausufernden Chartertourismus der letzten Jahrzehnte mit tausenden Charterjachten, wo sich meist mehrere die Charterkosten teilen, stinken jetzt manche vormals romantische Buchten und Anlegeplätze derart nach Urin, dass es einem übel wird.
Sichere Buchten zum Übernachten sind oftmals überfüllt mit Schiffen. Auch Anlegestellen mit Restaurants, in denen Yachten zum Übernachten liegen bleiben, haben diesen „Appetit anregenden" Geruch in der Luft.

In einer wunderschönen einsamen Bucht sollte man auch nicht den Fehler machen und eine Taucherbrille mit Schnorchel aufsetzten, da es sonst mit der Romantik vorbei ist. Am Grund der Bucht ist nämlich alles vorhanden, was es im Supermarkt an Blechdosen und Kunststoffverpackung gibt. Zusätzlich ist meist am Grund ein Schlammteppich durch Eutrophierung (Fäkalien und Urin vermischt mit Sonnenölrückständen und Geschirrspülmittel) entstanden.

Selbst bei ganz einsamen Stränden in der Karibik sind oft kilometerlang die aus dem Sand herausragenden Wurzeln der Palmen voll mit allem, was aus Kunststoff hergestellt wird. Beim Spazierengehen am Strand kamen wir uns vor wie auf einer Mülldeponie. Dort, wo die Hotels sind, wird der Strand natürlich jeden Tag gesäubert.

Auf jeden Fall hat bei uns der Sozialismus, wo sich fast alle fast alles leisten können, gesiegt.
Friedrich Nietzsche meinte mal dazu, „die Freiheit der Massen zerstört die Freiheit des Individuums“. Dabei ahnte er noch nicht mal annähernd was von den heutigen Bevölkerungszahlen, da die Bevölkerung, als er vor 121 Jahren verstarb, 1,6 Milliarden

Menschen betrug und sich bis heute fast verfünffachte.

Ebenso die irrwitzige Zunahme des Verkehrs, besonders von LKWs. Auf der Brennerautobahn rast man, wie inzwischen fast auf allen Autobahnen, unter permanenter Lebensgefahr zwischen zehntausenden Lastwägen in den Süden. Man begibt sich dabei mit seinem und seiner Mitfahrer Leben und Gesundheit in die totale Abhängigkeit anderer Menschen.
Es braucht nur einen Hustenanfall, eine falsche Reaktion oder den Sekundenschlaf eines anderen Verkehrsteilnehmers und schon sitzt man den Rest des Lebens im Rollstuhl oder ist gleich tot.

Wenn man bedenkt, wie desolat von manchen Menschen die Reaktionsfähigkeit ist, die geistige Aufnahmefähigkeit oder die Fähigkeit, eine Situation blitzschnell und richtig einzuschätzen, um einen Unfall zu verhindern, dürfte man überhaupt nicht mehr Auto fahren.
Alle rasen zu tausenden mit einem Meter oder weniger Abstand die Autobahn entlang.

Eigentlich ist es Irrsinn, sich freiwillig in so eine Gefahr zu begeben, wobei man sich wundert, dass dabei nicht noch mehr passiert.

Etwa 4,5 Milliarden Tonnen Güter werden pro Jahr auf den Straßen in Deutschland hin und her transportiert. In den letzten 25 Jahren mehr als eine Verdoppelung. Der Güterverkehr durch die Alpen hat sich in dieser Zeit sogar verdreifacht.

Das sind dann Güter wie Biokartoffel aus Ägypten, Bekleidung aus Asien, Früchte und Gemüse aus Spanien, Wein aus Australien, Südafrika oder Chile, Mineralwasser aus Italien, Äpfel aus Neuseeland, Milch von Bayern nach Hamburg, Milch von Schleswig-Holstein nach München, Milch von Nordeuropa nach Apulien und als italienischer Mozzarella wieder zurück nach Deutschland und Nordeuropa.
Frische Nordseekrabben transportiert man 6000 Kilometer bis nach Afrika und zurück, damit billige Arbeitskräfte sie dort pulen können.
40 Lkws sind dafür ständig quer durch Europa unterwegs.
Waren, die von Italien aus Ostasien importiert werden, verschifft man über See nach Rotterdam.

Dort werden sie gelöscht und dann durch Deutschland und Österreich über Land nach Italien expediert, obwohl die Schiffe auf dem Weg nach Holland direkt an der italienischen Küste vorbeifahren.

Norditalien importiert aus Holland Schweinefleisch, verarbeitet es zu Südtiroler Speck und Parmaschinken, der dann in alle europäischen Länder exportiert wird.

Rinder werden aus Frankreich und Deutschland in schrecklichen Tiertransporten zur billigeren Schlachtung ohne deutschen Tierschutz nach Neapel gekarrt, das Fleisch dann wieder zurück nach Deutschland und Frankreich transportiert.

Die Hölle auf Erden

Arthur Schopenhauer schrieb einmal:
„Der Mensch hat auf Erden eine Hölle für die Tiere geschaffen.“

Gerade in der Massentierhaltung, wo in Deutschland über 98 Prozent des konsumierten Fleisches herkommen, hat das tierische Leid kaum nachvollziehbare Ausmaße angenommen.

Durch die dramatische Bevölkerungszunahme wird folglich immer mehr billigeres Fleisch „produziert“, was den Tieren ein für ihre Art natürliches und soziales Umfeld zu 100 Prozent genommen hat.
In manchen Staaten werden Schweine in Gitterboxen gehalten, wo bis zu zehn Boxen übereinander gestapelt werden. Die unteren Tiere, die sich in der engen Gitterbox kaum bewegen können, werden von den oberen Zeit ihres grausamen Lebens dauernd angeschissen und angepisst.
Schweine, die eigentlich reinliche Tiere sind, können z. B. Gefahren erkennen, zeigen Ängste,

fühlen Schmerz, Trauer, Freude, schließen Freundschaften – ganz wie unsere Haustiere. Ihre Intelligenz und ihre emotionalen sowie sozialen Fähigkeiten sind nicht weniger stark ausgeprägt als die von Hunden oder Katzen. Ihre Empfindungsfähigkeit soll sogar ausgeprägter sein als die von Hunden.
Dies trifft auch ähnlich auf Rinder, Pferde und andere Tiere zu, die wir essen.

Richtig bewusst wird einem dies erst, wenn man einen schönen und gescheiten Hund als Familienmitglied hat.

Unser Hund gibt uns Freundschaft, Treue und Freude. Er vergisst nicht ein einziges Mal, wenn ich noch im 1. OG im Bad bin und er mit Frauchen Gassi geht, dass er kurz vorher raufkommt und sich verabschiedet. Meine Frau muss fast jeden Abend mit ihm Scheinkämpfe veranstalten, bevor er sich schlafen legt.
Immer nach dem Frühstück wartet er sitzend neben dem Sofa im Wohnzimmer, bis ich komme, um mich noch etwas hinzulegen, um sich dann neben dem Sofa ebenfalls hinzulegen.

Seine größte Leidenschaft ist, wenn er sich mal auf dem Sofa neben mir oder meiner Frau ankuscheln darf, was ich im Sommer wegen der Zecken nicht so gerne mag. Dabei schläft er nach drei Minuten tief und fest und schnarcht.
Er hat Ängste bei einem Gewitter und läuft in den Keller, bis das Gewitter vorbei ist, und das als reinrassiger Jagdhund.
Er gibt uns Zärtlichkeit und führt sich zum Schein aber beim Gassi gehen manchmal auf wie ein Raubtier. Er liebt es, mit Kinder zu spielen, und würde nie auf den Gedanken kommen, jemanden zu beißen. Sein Begrüßungsritual, jedes Mal wenn man nach Hause kommt, ist filmreif.
Er zeigt uns seine Liebe genau so wie wir ihm.
Natürlich hat er auch seine kleinen Mucken und Eigenheiten und manchmal ist er als Hund ein schlimmer Finger, aber als Mensch ist er unersetzlich.
Der bekannte Schauspieler Heinz Rühmann sagte mal: „ Natürlich kann man ohne Hund leben, aber es lohnt sich nicht."

Laut unserer Religion ist es auch nicht untersagt, solch einem Lebewesen, dem man sogar noch im

Schlaf ansieht wie gerne er lebt, das Leben zu nehmen.
Es ist nur einer anderen Kultur wegen, warum man in Asien solche Hunde zu Millionen schlachtet. Bei uns sind es dagegen Lämmer, Ziegen, Hasen, Kälber usw.
In China ist es Brauch, solchen Hunden Schmerzen und Todesängste vor dem Schlachten zuzufügen, da wegen dem dann erfolgenden Adrenalinausstoß das Fleisch besser schmecken soll. Deshalb schlägt man sie mit Knüppeln tot oder zieht ihnen noch lebendig das Fell ab.
Man stelle sich vor, wir machen das mit unserem Hund Arthur. Allerdings hat man kürzlich in Südkorea und in Taiwan das Schlachten von Hunden verboten.

Tiere verfallen durch die Massenhaltung in Lethargie und werden wahnsinnig. Nicht anders in der Geflügelhaltung, wo ein 30-minütiger Aufenthalt in einer der 1700 Geflügelmastbetriebe allein in Deutschland die meisten Menschen davon abhalten würde, je wieder eine Ente oder ein Huhn zu essen.
In den Betrieben werden jeweils zwischen 30 000 und 40 000 Tiere gehalten.

In meinem Buch Tiere & Tiere schrieb ich dazu: „Ich kenne noch aus meiner Kindheit die stolzen schönen Hähne, die mit ihrem aufgeplusterten Federkleid herumstolzierten, und die wichtigtuerischen Hennen, die meist mit einer Schar Küken um die Bauernhöfe herumgackerten“.
Ebenso die Milliarden Fische, die nach dem Fang qualvoll in den Fischtrawlern über Stunden erstickt oder erdrückt werden.

Bundeslandwirtschaftsminister Ignaz Kiechle – Günther A. Gerhager

Interessant ist, als ich mich vor 33 Jahren über unsere Ernährung und die Tierhaltung in der Landwirtschaft mit dem damaligen Bayerischen Landwirtschaftsminister sowie dem Bundeslandwirtschaftsminister unterhielt, dass damals Massentierhaltung überhaupt noch kein Thema war.

Es lebten aber auch, obwohl erst 33 Jahre her, 20 Millionen Menschen weniger in Deutschland. Aber selbst ohne Massentierhaltung gehen manche Bauern mit ihren Tieren genau so grausam um.

Bayerischer Landwirtschaftsminister Dr. Hans Eisenmann – Günther A. Gerhager

Eines von vielen Beispielen lese ich gerade im Internetportal von „Rosenheim 24.de“, wo zwei Bergbauern im Salzburger Land jeweils Schweine halten und den Tieren mehrere Löcher in die

empfindlichen Nasen bohrten. Zusätzlich ziehen sie dann den Schweinen mehrere Drähte durch diese Löcher und verknüpfen sie.
Damit sollen die Tiere gehindert werden das zu tun, was ihnen angeboren ist, nämlich im Boden zu wühlen. Da ihnen die Drähte in der sensiblen Nase dann schreckliche Schmerzen zufügen würden, lassen sie das, im Boden zu wühlen.
Die Fotos dazu sind furchtbar.
Die Landwirte wurden, wie ich lese, angezeigt. Die Strafen in Form von meist nur ein paar hundert Euro Bußgeld in solchen Fällen sind verwirrend und unfassbar traurig. Solchen dreckigen Individuen gehörten zur Strafe ebenfalls Löcher in die Nase gebohrt.

Es gibt heute viele perverse Menschen, die man daran erkennt, dass sie sich wegen einer Ausdrucksweise wie z. B. „dreckige Individuen“ viel mehr mokieren als dass es sie aufregt, dass Schweinen Löcher in die Nase gebohrt werden.
Früher hat man in manchen Gegenden in Südostasien Schweinen die Nase ganz abgeschnitten, weil sie dann wegen dem zur Orientierung fehlenden Geruchsinn nicht mehr wegliefen.

Alle diese Tiere, die ein grausames Leben haben und in Panik und unermesslicher Angst sterben, essen wir. Diese extremen Stressemotionen und Todesängste werden als negative Energie in ihrem Gewebe gespeichert. Das Fleisch enthält dann die Energie dieser Gewalt, wie die Angst und die Hoffnungslosigkeit sowie die Enttäuschung über die Menschen, in deren Obhut sie waren.

Die Aborigines in Australien waren früher der Meinung, dass man ein Tier, das eine gewisse Zeit gejagt wurde, nicht mehr essen darf, da das Fleisch dann vergiftet ist.
Die meisten Menschen wollen dies aber nicht sehen und auch davon nichts wissen.

Ihr Feierabendbier und die Fußballübertragung im Fernsehen, ja ihre ganze Gemütlichkeit wäre dahin, wenn sie z. B. Bilder von Enten und Gänsen sehen müssten, denen man während ihres ganzen traurigen Lebens mehrmals täglich unter grässlichen Schmerzen mit Gewalt ein 0,5 Meter langes Metallrohr in ihre blutig aufgerissenen und entzündeten Speiseröhren steckt, um ihre überdehnten Mägen mit 1,0 kg Futterbrei voll zu pumpen.

Das entspricht umgerechnet auf den Menschen zweimal sieben kg Spagetti am Tag. Teilweise bricht man den Tieren dabei die Schnäbel.
Dies, damit sich die „Stopfleber" um das Zehnfache krankhaft vergrößert, die wir dann am heiligen Abend zum Christfest, zum Fest der Liebe, als Delikatesse verspeisen.

Die Tiere können Tag und Nacht nichts anderes tun, als im Käfig auf ihren schmerzhaft entzündeten Füßen zu stehen, die Schmerzen und das Leid ertragen und von mal zu mal auf das Metallrohr und letztlich auf den Tod zu warten.

So verbringen sie zu tausenden ihr ganzes Leben, eingepfercht in einem Gitterkorsett in dunklen, verdreckten Hallen, wo sie sich weder umdrehen noch die Flügel ausstrecken können.

Sie sehen, völlig verdreckt mit traurigem und gebrochenen Blick, aus wie eine grausige lebendige Anklage gegen den in ihrem Empfinden Teufel Mensch, der sich aber anmaßt das Ebenbild eines gütigen Gottes zu sein.

Sie werden niemals frische Luft atmen und in einem Teich schwimmen und dabei die Sonne auf ihrem Rücken spüren. Sie werden auch niemals eine Familie großziehen.
Dabei sind Enten und Gänse sehr saubere, soziale und fürsorgliche Tiere, die sich ständig putzen, um für ihren Lebenspartner attraktiv auszusehen. Sie lieben es, zu schwimmen, zu Spielen und für ihren Nachwuchs zu sorgen.
Gänse suchen sich ihren Lebenspartner fürs ganze Leben aus. Stirbt dieser Lebenspartner oder wird das Gelege einer Gans zerstört, schließt sich diese aus der Gemeinschaft aus, um alleine zu trauern.

Als ich vor einigen Jahren mein Buch „Tiere & Tiere“ schrieb, recherchierte ich über dieses traurige Thema und veröffentlichte auch einige Fotos darüber in diesem Buch.
Wenn ich damals noch so etwas wie Achtung oder Respekt vor der menschlichen Spezies hatte, so habe ich diesen dabei definitiv und endgültig verloren.
Man kann sich nur von Politikern abwenden, die nicht mal dazu fähig sind, wenigstens den Import von jährlich etwa 120 Tonnen Stopfleber nach Deutschland zu verbieten.

Das Stopfen selbst wurde zwar in Deutschland verboten. Im EU Land Frankreich aber, wo 75 Prozent der weltweiten Produktion von 27 000 Tonnen „produziert“ werden, hat die Nationalversammlung die „Delikatesse“ Foie Gras zum gastronomischen und nationalen Kulturerbe erklärt und damit vom französischem Tierschutzgesetz ausgenommen.
Was sind wir nur für abscheuliche Kreaturen, die so etwas dulden, von den Tätern gar nicht zu reden. Haben wir da auf einmal keine EU mehr, die aberwitzige Summen an Steuergeldern für alles Mögliche verplempert.
So grausam, wie wir Menschen mit unseren völlig wehrlosen Mitgeschöpfen umgehen, sollten wir uns wirklich bald von diesem Planeten verabschieden. Time to say goodbye.

Die letzten Tage las ich zum wiederholten Male, dass sich grüne Parteigremien bezüglich Sex mit Tieren im Internet eingehend beschäftigen. Sie möchten neue Richtlinien zur Bestrafung der Konsumenten, also eine Strafe für das Anschauen solcher Dateien.

Sicher darf man sich als Wähler darauf verlassen, dass die Parteigenossen nicht über etwas beraten werden, was sie gar nicht kennen. Schauen sich jetzt deshalb alle verstärkt Tierpornographie im Internet an?

Wenn man die vielen Leserbriefe zu einer solchen Thematik sieht, kommt man zu der Auffassung, dass manche Verfasser dieser Leserbriefe noch perverser sind, als die Akteure von Tierpornographie.

Da können sich auf einmal massenweise Menschen für Tiere exorbitant engagiert geben, da wachen sie plötzlich auf.

Daher frage ich mich, wo sind denn all diese so furchtbar emphatischen Gutmenschen und Redakteure, wenn es um das wirkliche Leiden geht, dass z.B. Enten und Gänse durch das Stopfen ertragen müssen, oder, wie in dem Kapitel „Ankunft in der Hölle“, um das grausame Leben und Sterben von Milliarden Tieren.

Wieso befassen sich die Grünen denn hier nicht mit Vorschlägen zu Gesetzesänderungen, wie z.B. für

einen sofortigen Importstopp von Foie Gras, beziehungsweise eines Verbotes dieser grässlichen Tierfolter auf EU-Ebene.
Ist ihnen vielleicht dieses Thema im Gegensatz zu Themen, wie sich Frauen von Hunden bespringen lassen oder das Fortpflanzungsorgan eines Hengstes verwöhnen, zu trocken?
Äußerst rätselhaft bleibt dabei allerdings, wie z. B. Hunde in den unzähligen Filmen eine Erektion bekommen, wenn sie doch gequält werden.
Diese werden auch nicht groß leiden, was aber nicht heißt, dass es bei dieser Abartigkeit nicht auch Tiere gibt, die dabei gequält oder unter Zwang benutzt werden. Hier gehören aber nicht die Konsumenten der Filme bestraft, sondern die Täter.

Es ist scheinheilig so zu tun, als wisse man tatsächlich nicht, dass Millionen Menschen auf der ganzen Welt sich diese Filme im Internet ansehen. Kein Mensch aber würde sich einen Film über die Folter von Enten oder Gänsen ansehen, wie diese völlig verschmutzt und hilflos ihr trauriges Leben, eingepfercht und fixiert in einen Käfig in dunklen dreckigen Hallen und unter ständigen Schmerzen, verbringen müssen.

Darüber sehe ich komischerweise keine aufgeregten Artikel mit Dutzenden über die Maßen engagierten Leserbriefe.
Das Thema, dass die Hölle für die völlig wehrlosen Geschöpfe beschreibt, ist offensichtlich zu unangenehm und erweckt Schuldgefühle.
Aufgrund dieser eklatanten Diskrepanz kann man sich des Eindrucks nicht erwehren, dass sich viele bei der Thematik Sex mit Tieren im Internet eher noch aufgeilen.

Es gibt Studien, die einen signifikanten Zusammenhang erkennen lassen, dass Fleischesser häufiger zu Wut, Angst und Gewalt neigen als Vegetarier.
Fleischesser neigen ebenfalls eher dazu, Kriege zu befürworten, Waffen zu besitzen und diese auch zu gebrauchen.

Das meinte auch schon vor 150 Jahren der bekannte russische Humanist und Schriftsteller Nikolajewitsch Graf (Leo) Tolstoi, indem er sagte: „Solange es Schlachthäuser gibt, wird es auch Schlachtfelder geben“.

Manche gehen auch gerne zur Jagd, wo es ihnen besonderen Spaß macht, Tiere zu töten und deren ausgestopfte Köpfe als Trophäen an die Wohnzimmerwand zu hängen.

In vielen alten religiösen Schriften wird oft das Gleichnis von Saat und Ernte erläutert. Dies meinte auch sicherlich der griechische Philosoph und Mathematiker Pythagoras 585–495 v.Chr. als er schrieb:

„Alles, was der Mensch den Tieren antut, kommt auf den Menschen wieder zurück."

Unglaublich, was griechische Philosophen vor 2500 Jahren für ein Wissen hatten, das heute in der theoretischen Physik diskutiert wird.
Wie z.B., dass unsere innere Einstellung unsere äußere Welt bestimmt.
Dass nämlich erst das Bewusstsein unsere Realität erzeugt, hat die Quantenphysik schon in den 20er Jahren des letzten Jahrhunderts erläutert und bewiesen.

So wie wir die Welt wahrnehmen und erleben, ist sie ein direktes Produkt unseres Bewusstseins.
Damit gründet sich die Welt auf unserer Überzeugung.

Laut einem Vortrag von Prof. Dr. Ulrich Warnke ist diese Feststellung nämlich gar nicht so ungeheuerlich.
Dabei ist es im ersten Moment völlig egal, ob das nun mit Phänomenen aus der Quantenphysik zusammenhängt oder nur damit, dass wir durch eine Bewusstseinsänderung unser Handeln ändern und dadurch andere Ergebnisse erzielen können.

Eine solche Bewusstseinsänderung für den Umgang mit unseren Verwandten und Mitlebewesen, den Tieren, wäre notwendig, um deren Leid zu lindern.

Besonders betroffen macht mich hier der letzte Weg der Tiere zum Schlachthaus. Die meisten verbrachten die Zeit ihres Lebens angekettet in sogenannter Anbindehaltung oder wie Schweine in kleinen engen Boxen.

1865, nach dem Sezessionskrieg, erklärten die USA die Sklaverei, die in anderen Staaten meist schon vorher abgeschafft wurde, für verfassungswidrig.
Seitdem kann sich jeder Mensch auf der Welt frei bewegen und ist nicht angekettet. Er kann zur

Überbevölkerung beitragen und zwölf Kinder, die er nicht ernähren kann, in die Welt setzen, sich in einem Kriegsgebiet aufhalten oder nach den fundamentalen Gesetzen einer gewaltbereiten Religion leben und sich auch für diese Religion engagieren. Wenn diese dann kollabiert, kann er zu uns kommen und wird von den Steuern der guten Menschen bei uns alimentiert. Er kann sein Leben beeinflussende falsche oder richtige Entscheidungen treffen, so viele er will.
Vor allen Dingen kann er aber eins, er kann weglaufen, weil er nicht angekettet ist.

Manch einer wird sagen, man kann das Leben der Tiere nicht mit dem der Menschen vergleichen. Dazu möchte ich sagen, dass für so wichtig, wie wir unsere Spezies halten, sie es für die Natur, also für das Leben auf der Erde, absolut nicht ist.
So sind z.B. Ameisen, Pilze oder Plankton für das Leben auf diesem Planeten elementarer und wichtiger als wir Menschen.
Ohne den Zersetzungsprozess der Pilze, die 40 Prozent der gesamten Biomasse der Erde ausmachen, würde alles Leben an sich selbst ersticken. Und würden Ameisen schlagartig aussterben, würden die meisten Ökosysteme auf dem Lande

kollabieren, und das Plankton steht am Anfang einer gewaltigen Nahrungskette.
Nebenbei erwähnt, es gibt 103 000 Arten (Spezies) Ameisen und 4000 verschiedene Arten Säugetiere. Davon ist eine der Mensch.

Die Umschreibung „Anbindehaltung“ drückt die ganze Perversion der Massentierhaltung aus, wo einem Lebewesen jegliche Teilnahme an der Schöpfung oder dem sogenannten „Wunder des Lebens“ aberkannt wird.

Monatelang, meistens Jahrelang stehen die Rinder bewegungslos auf einem Fleck und können sich gerade noch hinlegen, da sie mit einem Eisengestänge oder einer kurzen Kette fixiert sind.
Sie sehen das ganze Leben keine Wiese oder Weide mit duftendem frischen Gras und Kräutern oder etwas, was ihnen ein bisschen Abwechslung verschaffen würde.
Durch die dauernde Bewegungslosigkeit und das Liegen im eigenen Kot werden sie krank und bekommen schmerzhafte Hautentzündungen.
Kühe müssen wegen der Milch jedes Jahr ein Kalb bekommen, das man ihnen sofort nach der Geburt wegnimmt.

Nach fünf Jahren ist ihr Körper ausgemergelt und sie werden geschlachtet.

Die Bezeichnung Nutztiere trifft hier exakt zu. Nutztiere sind Geschöpfe, deren Körper wir in der Nahrungsmittelindustrie, in der Bekleidungsindustrie, zu medizinischen Versuchen und in der Kosmetikindustrie zu unserem Vorteil radikal und schamlos gebrauchen und benutzen.

Das war dann ihr ganzes Leben, wenn sie im Schlachthaus ankommen.

Ankunft in der Hölle

„Wenn Schlachthöfe Wände aus Glas hätten, wären alle Menschen Vegetarier“

(Paul McCartney)

Von den Tieren, die in einen Schlachthof gebracht werden, ob Schwein oder Rind, ist, wenn sie angeliefert werden, nicht ein einziges, das gleichgültig oder ruhig ist. Sie haben alle Angst.

Bei sehr jungen Schweinen kann es vorkommen, dass sie nach einer gewissen anfänglichen Furchtsamkeit anfangen herumzutollen. Vielleicht, weil sie zum ersten Mal in ihrem Leben etwas Platz dazu haben, wenn sie in einer etwas größeren Wartebucht landen.

Die Tiere haben zu diesem Zeitpunkt einen mehr oder weniger langen, sicher nicht komfortablen Transport hinter sich.

Davor waren sie einige Zeit, die meisten ihr ganzes bisheriges Leben lang, meist stark bewegungseingeschränkt am selben Ort.
Bei der Anlieferung im Schlachthaus kommen sie in eine fremde Umgebung mit fremden Tieren, Menschen, Geräuschen und Gerüchen.
Während des Schlachtens herrscht ein ohrenbetäubender Lärm, allein schon durch die Maschinen. Dazu kommt noch das Gebrüll der Arbeiter und der Tiere.

Es riecht nach Blut, was die angelieferten Tiere natürlich riechen, vor allem aber nach Exkrementen, Darmgasen und dem Rest der Eingeweide, die zum Teil trotz Kühlung in Verwesung übergegangen sind und auf die Abholung durch den Lastwagen der Tierkörperverwertung warten.
Der Inhalt dieser Lastwagen verbreitet einen unvorstellbaren Gestank.
Aus diesem entsteht dann Tierfutter, Seife und andere Dinge, die man sich kaum vorstellen kann und will.

Die Tiere verbringen nach der Anlieferung einige Stunden, bei Anlieferung am Wochenende auch bis zu zwei Tage, in Wartebuchten. Manche beruhigen sich dabei etwas, anderen beschert es nur ein umso längeres Martyrium, wenn sie bereits krank oder verletzt sind oder von anderen Tieren in der Gruppe bedrängt oder verletzt werden.

Es gibt sehr viele Gemeinsamkeiten im menschlichen und tierischen Verhalten. Ähnliche Situationen führen zu ähnlichen Reaktionen. Stress, der nicht nur durch Angst, sondern auch durch Enge, Langeweile und fortdauernde Triebblockade entsteht, führt zu Aggression.
Unter Todesangst verschärft sich dieses Problem.

Die angelieferten Schweine haben regelmäßig schwärende, eiternde Wunden an Schwanz, Ohren und Beinen. Während des Wartens im Schlachthof passiert es dann durchaus, dass einzelne Tiere totgebissen werden. Die schwachen Herzen in den züchterisch bedingt krankhaften, muskelüberladenen Körpern tun ein Übriges dazu.

Bei einem Rind führen Stress und Angst genau wie beim Menschen zu erhöhtem Puls, schnellerer Atmung und ganz allgemein zu unruhigem bis panikartigem Verhalten.

Die Wissenschaft findet immer mehr Beweise dafür, dass Tiere dieselben Ängste empfinden wie der Mensch. Wir wären gerne völlig anders und einzigartig. Wir sind aber Gleiches unter Gleichem und Leben unter Leben, das auch leben will. Auch wenn diese Erkenntnis noch so unpopulär sein mag.

Manche Rinder stammen aus reiner Anbindehaltung und haben, genau wie die Schweine, nie einen Schritt in Freiheit gemacht. Sie wissen nichts über die Welt, in die sie hineingeboren wurden.

Mit einem angstvollen Staunen und wie in Trance gehen diese Tiere mit weit aufgerissenen Augen ihren letzten Weg. Sie versuchen zu verstehen, was sie da gerade sehen und starren ganz offen auf die Schreckensszenarien vor ihnen.
Ungläubig und fassungslos wirken die Gesichter dieser Tiere.
Obwohl gerade in islamischen Ländern die meisten Menschen mit Tieren noch grausamer und perverser umgehen, steht aber im Koran, dass man kein Tier vor den Augen eines anderen Tieres töten darf.

Die Tiere werfen nur einen kurzen Blick auf das, was sich vor ihnen abspielt, und weichen dann entsetzt zurück. Sie sehen sich panisch in alle Richtungen um auf der Suche nach einem Ausweg. Ein halbherziger, unsicherer Fluchtgedanke ist es aber nur, der aus diesen Gesichtern spricht. Der Gedanke an eine Flucht erstickt gleich wieder im Keim.

Tiere, die von Panik ergriffen werden, versuchen oft um jeden Preis zu fliehen. Sie drehen sich in den schmalen Treibgängen, die gerade die Breite eines Rindes haben, und machen dabei halbe Purzelbäume. Sie gehen praktisch die Wände hoch, wagen undenkbare Sprünge und Verrenkungen und verletzen sich oder andere Tiere im Gang dabei manchmal erheblich.

Oft handelt es sich dabei um Tiere von der Weide, die mit der drangvollen Enge und der Nähe zu fremden Menschen überhaupt nicht umgehen können, sich aber der Möglichkeiten ihrer Kräfte bewusst sind.

Andere überkommt eine lähmende Angst.
Stumm und bewegungslos starren diese Tiere vor sich hin und wirken wie gefroren in Schockstarre.

Sie trauen sich keinen Schritt weiterzugehen, weder vor noch zurück. Als hätten sie sich in sich selbst verschlossen, scheinen sie nichts mehr wahrzunehmen. Sie zeigen auf fast nichts mehr eine Reaktion.

Tiere, die ihr Leben in Anbindehaltung verbracht haben, sind zum Teil schon allein körperlich mit jedem Schritt, den sie jetzt gehen sollen, überfordert. Der Gedanke an Flucht oder Kampf scheint ihnen gar nicht zu kommen. Sie kennen die Möglichkeiten ihres eigenen Körpers nicht.

Diese Tiere bekommen am meisten Schläge und Stromstöße auf ihrem letzten Weg. Ohne Beaufsichtigung und Maßregelung greifen die Schlachter aus Ungeduld oder Ratlosigkeit zu Maßnahmen, die weit jenseits des Tierschutzgesetzes liegen.

Manche Tiere entwickeln eine Art abwehrbereite Angst. Oft sind es weibliche und erfahrene Tiere von der Weide, die sich den Kampf zutrauen. Ausbruchsversuche bereits beim Abladen und Tritte gegen die Arbeiter bringen aber nur einen kurzzeitigen Erfolg.

Manchmal müssen solche Tiere nach einer erfolgreichen Flucht vom Anhänger im Hof des Schlachtbetriebes erschossen werden, weil sich keiner mehr nähern kann. Sie sind bisweilen zu schlau, um sich noch einmal in die Enge treiben zu lassen.

Von solchen Tieren liest man gelegentlich in der Regionalpresse, da es vielleicht sogar spektakuläre Verfolgungsszenen gab, worüber sich oftmals die Redakteure mehr belustigend auslassen. Diese sind meistens zu dumm, zu gefühllos oder beides um zu begreifen, dass das Tier mit seiner Flucht intuitiv sein Leben retten wollte.
Oftmals verwenden sie in einem Zeitungsartikel darüber scherzhafte Bezeichnungen, wie ausgebüxt oder durchgebrannt.

Auf dem Weg zur Tötungsbucht schlottern und zittern die Tiere bis ins Mark. Zum Teil fließen ihnen Tränen aus den Augen und Speichel tropft ihnen in Strömen aus dem Maul. Schwache Tiere brechen womöglich zusammen.
Es sind vor allem Kälber und ältere Tiere. Die Kälber haben noch keine körperlichen und psychischen Notfallreserven, auf die sie im Stress zurückgreifen können.

Die Älteren scheinen bereits im Stall ein Bild davon zu haben, in welcher Lage sie sich nun befinden. Nicht erst, wenn sie in der Tötungsbucht stehen und vor ihnen ein anderes Rind kopfüber an einer Kette hängt und dabei ist zu sterben.

Bei diesen Tieren hat man den Eindruck, dass sie auch schmerzhaft den Verrat empfinden, den die Menschen, denen sie vertraut haben, die ihre Herdenführer waren, an ihnen begangen haben. Denn das tun Rinder zweifellos. Menschen, denen sie vertrauen, von denen sie gut versorgt werden, sehen sie als Herdenchef und „Rind im Geiste" an. Sie würden ihnen freiwillig hinterher laufen. Sie lecken sie auch oft und gerne ab, wie das befreundete Rinder untereinander tun. Die Zunge ersetzt die Hand, die Hand, die streichelt.
Ein weinendes Rind kann man auf den puren physiologischen Vorgang reduzieren.
Die Adrenalinausschüttung bewirkt unter anderem eine verstärkte Sekretion der Schleimhäute, vor allem im Maul, aber manchmal auch in den Augen. Es fließen Speichel und eben auch Tränen.
Das Gleiche gilt aber auch für Menschen, die große Angst haben.

Einem Rind ins Gesicht zu sehen, dem vor Angst und Verzweiflung Tränen aus den Augen laufen, hinterlässt einen bleibenden Bildabdruck im Gehirn.

Manche der Tiere brüllen ununterbrochen. Womöglich ist es ein lautes Wehklagen aus Furcht, vielleicht auch wegen Hunger, Durst oder einem anderen körperlichen Unbehagen. Viele vermissen sicherlich ihre gewohnte Umgebung und rufen nach ihren Herdengenossen.

Schließlich ist das Rind ein Herdentier. Die Herde bringt Sicherheit, Absonderung bedeutet Gefahr, womöglich Lebensgefahr.
Zuletzt, in der Tötungsbucht, kann das Brüllen auch ein verzweifeltes Schreien werden. Viele dieser Tiere haben noch bis zuletzt die kleine Hoffnung, dass von irgendwoher Hilfe kommen wird.

Es gibt auch Tiere, die in einer halbhoffnungsvollen Angst eine bestimmte fremde Person im Schlachthof ständig mit den Augen verfolgen, womöglich versuchen sie, ihr hinterher zulaufen.
Vielleicht rufen sie auch nach ihr, wenn sie außer Sichtweite gerät.

Dieser bestimmte Mensch erscheint ihnen aus irgendeinem Grund vertrauenswürdig und sie erhoffen sich bei ihm Sicherheit. Vielleicht erinnert er sie optisch oder akustisch an eine vertraute Pflegeperson aus dem ehemaligen Umfeld.
Solche Tiere sieht man häufig auch zittern und weinen.
Besonders ist dieses Verhalten bei hungrigen Kälbern. Sie vermuten sehr oft, dass ihnen nun irgendjemand Nahrung und Hilfe geben wird und alles gleich wieder gut werden wird, wenn Menschen um sie herum sind, die ihnen bekannt erscheinen.

Sie zeigen häufig deutlich sichtbar zwei Gefühle, die eigentlich nicht zusammen gehören: Angst und Vertrauen zur selben Zeit.
Kleine Lebewesen, noch zu jung und zu hilflos, um auf sich selbst gestellt zu überleben und dadurch gezwungen, Hilfe auch beim Todfeind zu suchen.

Eine mehr hoffnungsvolle Furcht und verdrängte Angst bringt manche Tiere dazu, erstaunlich ruhig zu sein. Sie verhalten sich neutral abwartend und wirken zum Teil recht sicher, dass nichts allzu Schlimmes passieren wird.

Sie beobachten alles einigermaßen ruhig.

Anders ein knapp zweijähriger Ochse, der aus Angst lauthals nach seinen vor ihm verschwindenden Freunden schreit, die aus demselben Betrieb gemeinsam angeliefert wurden.

Zum Schluss hat er mit weit aufgerissenen Augen aus der Tötungsbox heraus versucht, die neben ihm stehende Amtstierärztin abzulecken.
Nicht weil er hungrig oder neugierig war. Dazu hatte er viel zu viel Angst.

Er hat versucht, wenigstens noch schnell mit ihr Freundschaft zu schließen. Er hat um Hilfe gebettelt.

Spaß am Töten

Nicht viel anders als mit Tieren gingen Menschen untereinander um, besonders mit sogenannten Heiden, Ungläubigen und Naturvölkern, die kulturell auf einer niedrigeren Stufe standen.

Denken wir nur an die fast vollständige Ausrottung indigener Völker in Afrika, in Mittel- und Nordamerika, in Australien und Ozeanien.

13 Millionen nordamerikanische Indianer wurden von den weißen Siedlern niedergemetzelt.
Die Ausrottung lateinamerikanischer Indios seit der Landung von Christoph Columbus 1492 geht ebenfalls in die Millionen.

Aber auch Eroberungsfeldzüge wie die der Mongolen nach Westen, zwischen dem 13. und 15. Jahrhundert, hinterließen 35 Millionen Tote.
Die Niederschlagung des Taipingaufstandes in China 1851–1864 gegen die Quing-Dynastie forderte etwa 30 Millionen Tote.

1902 verhungerten 23 000 burische Frauen und Kinder in einem britischen KZ in Südafrika.
Dem Völkermord an den Armeniern in der Türkei 1909 bis 1918 erlagen 1,5 Millionen Menschen.
Dem Genozid der deutschen Nationalsozialisten fielen 20 Millionen zum Opfer (Juden, Russen, Polen, Roma und Sinti).
Unter der Diktatur Stalins kamen zwischen 10 und 20 Millionen Menschen um, von denen ein großer Teil verhungerte.
Die Kulturrevolution Mao Tse-tungs kostete 37 Millionen Chinesen das Leben.
Das Pol Pot-Regime in Kambodscha massakrierte zwei Millionen Menschen der eigenen Bevölkerung.
Dazu kommen die Opfer der Eroberungsfeldzüge des Römischen Reiches wie auch die des Islams.

Erst noch 1994 kamen durch Gewaltorgien in Ruanda über 800 000 Menschen ums Leben, mehrere hunderttausend Frauen und Mädchen wurden vergewaltigt. Bei diesem Völkermord wurden von den Hutu-Mehrheiten in nur 100 Tagen 75 Prozent der Tutsi-Minderheit umgebracht.
Die Macheten dazu hat man wegen des günstigen Preises schon 1993 in China bestellt. Fast 40 Prozent

sind mit diesen Macheten massakriert worden, ein Fünftel wurde mit Knüppeln erschlagen.
Oftmals wurden die Menschen gezwungen, ihre Ehepartner oder ihre eigenen Kinder zu erschlagen, wenn die Kinder nicht schon vorher vor den Augen der Eltern umgebracht wurden. Gerade Kinder wurden rigoros getötet, weil man die zukünftige Generation von Tutsis auslöschen wollte.
Die Mörder warfen die Leichen in Seen oder Flüsse, stapelten sie am Straßenrand oder überließen sie Tieren zum Fraß. Um die Schmerzen ins Unerträgliche zu steigern, war eine gängige Folterpraxis der Hutus das langsame Abhacken von Händen und Füßen.

Viele wurden, bevor man sie umbrachte, sexuell gedemütigt, mussten mit ihren Eltern oder den eigenen Kindern Inzest begehen oder wurden zum Kannibalismus gezwungen.
Vielen Männern schnitt man die Geschlechtsteile ab, Frauen die Brüste oder sie wurden gepfählt. Häufig trieb man Tutsis in Gebäuden oder Scheunen zusammen und verbrannte sie bei lebendigem Leib. Auch nahm man dabei gerne Handgranaten zu Hilfe.

Dieser Genozid artete aus in Blutrausch und Sadismus.

In Afrika, wie das Beispiel des 25 Jahre andauernden Bürgerkriegs im Ostkongo zeigt, ist oftmals das Ziel der Vergewaltigungen nicht die Befriedigung sexueller Bedürfnisse, sondern die Demütigung der Gemeinschaft. Die Zuschauer, müssen dazu klatschen, wenn Väter gezwungen werden, ihre Töchter zu vergewaltigen, und Söhne ihre Mütter. Wer sich weigert, wird sofort getötet. Mit denselben unvorstellbaren Gräueln wie im Kongo werden Kriege und Konflikte in Äthiopien, Nigeria, Uganda, Somalia und im Sudan ausgetragen.

Anders, aber nicht weniger grausam, war die Ermordung von sechs Millionen Menschen des jüdischen Volkes in Europa durch Nazideutschland, dessen industriell organisierter Völkermord eine Steigerung menschlicher Mitleidlosigkeit und Grausamkeit nicht mehr möglich macht.

Oder der in absoluten Zahlen größte Völkermord, den die islamischen Sklavenjäger und Jihadisten in

Afrika an der schwarzafrikanischen Bevölkerung begingen.
Forscher schätzen die Zahl der dabei Umgekommenen auf 50 Millionen im Laufe von 1300 Jahren.

Die hunderte Millionen afrikanischer Sklaven, die mit Rechtfertigung der katholischen Kirche von Afrika nach Amerika verschleppt wurden, wie auch die unter derselben Rechtfertigung geführten Religionskriege, wo während dem Dreißigjährigen Krieg von 1618 bis 1648 im Heiligen Römischen Reich deutscher Nation mehr Christen von Christen getötet wurden als durch die ganze Christenverfolgung in der Römerzeit.

Dieser Krieg, der als Religionskrieg begann, war der größte und grausamste im Europa der Neuzeit. Der Bauernstand wurde praktisch ausgerottet. Deutschland verödete, wobei Seuchen wie die Pest oder Syphilis noch dazukamen.
Die Verbreitung dieser Seuchen wurde noch aufgrund von Hunger und zehntausender verzweifelter Menschen auf der Flucht sowie durch herumziehende Regimenter gesteigert.

In diesem Krieg spielten sich grauenhafte Szenen ab. 30 Prozent der 15 bis 20 Millionen zählenden Bevölkerung Mitteleuropas, hauptsächlich der Deutschlands, wurden abgeschlachtet.
Manche Historiker sprechen sogar von 40 Prozent, wobei in Relation die Opferzahlen höher waren als im Zweiten Weltkrieg.
In manchen Landstrichen wurden bis 80 Prozent der dort lebenden Männer, Frauen und Kinder grausam massakriert. Allein in Magdeburg, das völlig niedergebrannt wurde, schlachtete das Heer der katholischen Liga 20 000 Bewohner ab.
Erst im 18. Jahrhundert erreichte Deutschland wieder den Bevölkerungsstand von 1618.

In dieser Zeit war die Versorgung eines Heeres von 20 000 Mann ein riesiges Problem.
Daher wurde die Ernährung herumziehender Regimenter durch die vollständige Ausplünderung der auf dem Weg liegenden Bauernhöfe bewerkstelligt. Deswegen mussten die Heere der Schweden, der Bayern, der Franzosen, der Dänen, der Habsburger zum Schrecken der Bevölkerung ständig umherziehen.

Frauen und Mädchen, teilweise noch Kinder, wurden wie selbstverständlich als Kriegsbeute gesehen und bevor man sie massakrierte von den Soldatenhorden vergewaltigt.
Besonders beliebt bei den Landsknechten waren deshalb Frauenklöster, da es dort viel zu essen und viele Frauen, oftmals aus adligen Familien, gab.

Häufigste und verbreitete Foltermethode war der Schwedentrunk, meist um von den Bauern alle Verstecke von Nahrungsmitteln oder Wertsachen zu erfahren.
Dabei wurde mittels eines Trichters große Mengen Jauche, Kot und Urin in den mit einem Holzkeil geöffneten Mund verabreicht. Dann legte man ein Brett auf den Bauch und die Folterer sprangen darauf herum.
War alles ausgeplündert, leergefressen, das ganze Vieh geschlachtet, zog die Karawane aus Landsknechten samt Tross wieder weiter bis zum nächsten Kloster, Bauernhof oder Dorf.
Religiöse Motive der ersten Jahrzehnte wurden mit der Fortführung des Krieges bedeutungslos. Für die Söldner, die nur für Geld und Beute kämpften, waren Konfessionen oder Kriegsziele sowieso relativ unbedeutend.

Es ging nur noch um Zerstören, Beutemachen, Plündern, Vergewaltigen und Brandschatzen.

Interessant ist auch, dass die Hexenverfolgung in dieser Zeit ihren Höhepunkt erreichte.
Eine zusätzliche Katastrophe für die Menschen in der Zeit des Dreißigjährigen Krieges war das um das Jahr 1600 einsetzende Maunder-Minimum, eine kleine „Eiszeit", die ihre tiefsten Temperaturen zwischen 1645 und 1715 erreichte. Massive Ernteausfälle und Hungersnöte waren in ganz Europa die Folge.

Da waren für das Volk die vermeintlichen Hexen für diese Ernteausfälle geeignete Sündenböcke. Mitte des dritten Jahrzehnts des Gemetzels waren die Kriegsparteien erschöpft oder gaben sich mit ihrer Einflusssphäre zufrieden.
Am 24. Oktober 1648 unterzeichnen die kriegsführenden Parteien in Münster die ersehnten Friedensverträge.

Die Menschen lernten aus der Katastrophe des Dreißigjährigen Krieges nichts. Dies führte zu den noch größeren Katastrophen, den beiden Weltkriegen im 20. Jahrhundert. Sie werden auch aus dieser letzten Katastrophe vor 75 Jahren nichts gelernt haben, da sie in nochmal 75 Jahren fast vergessen sein wird.

Einer der größten Völkermorde in der Geschichte der Menschheit geschah durch die Eroberungsfeldzüge der muslimischen Heere auf dem indischen Subkontinent zwischen 1000 und 1500 n.Ch. Das waren mit etwa 80 Millionen Opfern mehr als bei den Vernichtungsfeldzügen der Mongolen, Stalins, Japans, Maos und Hitlers zusammen.
Die Toten im Zweiten Weltkrieg schätzt man auf 55 Millionen, die meisten davon Zivilisten.
Dazu kommen 17 Millionen Opfer des Ersten Weltkrieges. Zusätzlich Millionen an Körper und Geist verstümmelte Menschen.

In der gesamten Menschheitsgeschichte gab es mehr als 14 000 Kriege, die geschätzt etwa 3,5 Milliarden Menschen das Leben kosteten.

Als ich einmal in Straßburg mit SKH Otto von Habsburg beim Essen war, war auch der ehemalige Bayerische Ministerpräsident Dr. Alfons Goppel dabei – zu dieser Zeit Europaabgeordneter und graue Eminenz der CSU – sowie die Gräfin Huyn,

deren Ehegatte außenpolitischer Sprecher der CSU im Deutschen Bundestag war.
Der ehemalige Ministerpräsident streichelte zwischen den einzelnen Speisefolgen ab und zu die langen blonden Haare meiner neben mir sitzenden Frau. Aufgrund seines fortgeschrittenen Alters hatte ich direkt nichts dagegen.
Eine interessante Frage aber stellte mir Otto von Habsburg, indem er meinte: „Würden Sie nicht Ihr Leben für die Verteidigung der Freiheit hergeben?"
Ich antwortete ihm: „Kaiserliche Hoheit, so ein Gedanke ist für mich schon deshalb pervers, da man nach fast jedem Kriegsgemetzel, spätestens eine Generation danach feststellte, dass die Menschen einer verbrecherischen Regierungsclique oder den persönlichen Machtansprüchen von Herrscherfamilien oder auch sogenannten Freiheitskämpfern oder Verrückten, ihr einziges unwiederbringliches Leben meist sinnlos opferten."
Nachdem es mir etwas unangenehm war, noch dazu bei einem hervorragenden Elsässer Wein und gemütlichen Essen das Wort „pervers" einem Mann wie Otto von Habsburg gegenüber gebraucht zu haben, wollte ich dies etwas relativieren und fragte:

„Kaiserliche Hoheit, sind Sie sehr religiös?", worauf er antwortete: "Sie wissen doch, ich bin praktizierender Christ."
Daraufhin sagte ich: „Dann glauben Sie ja fest an ein Leben nach dem Tode." Worauf er meinte: „Selbstverständlich."
Da ich damals daran nicht so glaubte sagte ich: „Wenn ich ebenso fest daran glauben würde, könnte man ja ein Leben opfern, wenn man sicher ist, dass dann noch ein weiteres Leben kommt." Er nahm den Ball auf und fragte, ob ich z. B. meinen Sohn mit meinem Leben verteidigen würde. Da ich „selbstverständlich“ sagte, erwiderte er: "So habe ich das ja auch gemeint.“

Seine Kaiserliche Hoheit, Otto von Habsburg-Lothringen, Sohn und Thronfolger des letzten Imperators Österreich-Ungarns, Kronprinz und Erzherzog des damals größten Reiches in Europa, persönlich zu kennen und mit ihm einige Male zu Tisch sitzen zu dürfen, war schon ein außergewöhnliches Erlebnis. Er war für mich nicht nur der einfache Europapolitiker, den viele in ihm gesehen haben dürften, sondern der personifizierte Vertreter einer mit dem Ersten Weltkrieg verloren gegan-

genen und über 1200 Jahre dauernden europäischen Epoche. Wenn er von seinem Leben erzählte, war dies für mich immer hochinteressant.
Auf eine persönliche Widmung und die in einem seiner Bücher an mich gerichteten Worte vom ältesten Sohn des letzten regierenden Kaisers Österreich-Ungarns bin ich deshalb besonders stolz.

Zu der Unterhaltung in Straßburg möchte ich nur drei Beispiele aus drei Ländern von drei Protagonisten erwähnen, denen die Menschen auch blind nachliefen.

Da wir 28 Jahre einen Wohnsitz in Kitzbühel hatten (im Winter ein Paradies), parkten wir oft in der Stadtmitte auf einem Parkplatz vor dem großen Andreas-Hofer-Denkmal. Unser Hund Anton, eine Tiroler Bracke, ging mit mir immer hinter das Denkmal, wo wir beide dasselbe machten.
Meine Frau war jedes Mal entsetzt und sagte: „Schatzi, wenn dich da jemand beobachtet, wirst du aus Kitzbühel und Tirol ausgewiesen."
So weit ich die Geschichte kenne, wurden bei einem Aufstand 1809 tausende brave Tiroler Bauern von den Franzosen und den Bayern völlig

sinnlos abgeschlachtet. Auch viele Frauen kämpften damals mit. Aufgewiegelt vom Tiroler Nationalheld Andreas Hofer und einem verrückten Pater.
Dem Habsburger Kaiser Franz II. in Wien war dieser Aufstand sogar zuwider, da er Tirol in einem Waffenstillstandsabkommen mit Napoleon am 12. Juli 1809 an Bayern abgetreten hatte. Bayern wäre kein schlechterer Verwalter als die Habsburger gewesen.
Nachdem Napoleon begann, sich mit seinem Feldzug gegen Russland selbst zu vernichten, kam ein paar Jahre später alles wieder zum Alten.
Außer dass Kitzbühel heute wieder von den Bayern besetzt ist, wofür die aber ganz schön tief in die Tasche greifen müssen.
Hofer wurde aufgestachelt vom Erzherzog Johann, einem Bruder von Kaiser Franz ll., der „der Reichsverfauler“ genannt wurde.

Andreas Hofer wurde nach einigen blutigen Schlachten am Bergisel und dem Scheitern des Aufstandes gefangengenommen und mit 42 Jahren von den Franzosen in Mantua erschossen. Viele Höfe und ganze Dörfer wurden aus Rache für den Aufstand niedergebrannt. Ob es eine Heldentat war, viele Söhne, Väter, Brüder für nichts in den Tod zu treiben, kann man bezweifeln. Nebenbei haben natürlich auch ein paar tausend Franzosen und hauptsächlich Bayern deswegen ihr Leben gelassen.

Ende des 19. Jahrhundert setzte eine Mythenbildung um Andreas Hofer ein, die verschleierte, dass auch viele andere Tiroler unter Fanatismus und Unvernunft gelitten haben.
Der Aufstand unter Andreas Hofer hatte große Schäden angerichtet. Es dauerte Jahrzehnte, bis das Land Tirol sich davon erholen konnte.

Auch ein weiteres Beispiel eines Verrückten aus Frankreich, der ohne Not und Zwang 1812 mit einer Armee von 600 000 Mann in Russland einmarschierte und dabei 540 000 Mann umbrachte, die hauptsächlich beim Rückzug elendig krepierten. Viele verhungerten oder erfroren, nur 10 Prozent kamen wieder zurück.
Wie viele russische Soldaten und Zivilbevölkerung er zusätzlich getötet hat, ist nicht bekannt. Im eiskalten russischen Winter raubten die Franzosen den Russen die Nahrungsmittel, da zu dieser Zeit

der Nachschub an Nahrung für 600 000 Mann unmöglich war.

Ohne Nahrungsmittel verhungerte und erfror auch die russische Bevölkerung zu tausenden, da noch dazu Zar Alexander I. und sein Oberbefehlshaber Michail Illarionowitsch Kutusow alle Häuser anzünden ließen, um den sich im eisigen russischen Winter zurückziehenden Franzosen keine Möglichkeit eines Unterschlupfes zu geben.

Insgesamt starben bei allen Feldzügen Napoleons 3,5 Millionen Soldaten. Dieser Massenmörder wird heute in Frankreich als großer Nationalheld verehrt.

Da war dann noch ein Verbrecher aus Deutschland, der mit 3,1 Millionen Soldaten und über 600 000 Verbündeten am 22. Juni 1941 ebenfalls in Russland einmarschierte.
Die Ideologie und der eigentliche Zweck dieses Überfalls war, wie der SS-Chef Himmler verkündete, „die Dezimierung der slawischen Bevölkerung um 30 Millionen."
Diese Vorgabe war nicht weit weg von der Realität.

27 Millionen Sowjetbürger wurden dabei getötet. Sie verhungerten, verdursteten, wurden erschossen, eingesperrt und zur Zwangsarbeit gepresst.
Den Hungertod von Millionen Menschen kalkulierte die deutsche Heeresleitung von vornherein mit ein, da sie der Bevölkerung alle Nahrungsmittel wegnahm, um ihre 3,7 Millionen Soldaten damit zu versorgen oder um diese Nahrungsmittel nach Deutschland zu transportieren.

Neben Kriegshandlungen und Gewalt starben auch durch Infektionskrankheiten, oftmals durch menschliche Verhaltensweisen selbst verursacht, Millionen Menschen. Ein Grund dafür war einerseits die Unkenntnis über Ansteckung und Übertragungswege sowie der Mangel einer entsprechenden Hygiene.

Heute werden in Labors von mehr als 15 Staaten, darunter Iran und Nordkorea, Versuche mit tödlichen Viren (auch Coronaviren) und Bakterien gemacht. Meist handelt es sich um die Entwicklung biologischer oder biochemischer Kampfstoffe.
Im ersten Weltkrieg kamen chemische Kampfstoffe in Form von Gas erstmals zum Einsatz.

Es waren neben Senfgas, das die Atmung unterband, Phosgene, die gleich tödlich waren, sowie Gase mit Nesselstoffen, die Lungen und Rachen verätzen, und Weißkreuz, das zum Erblinden führte.
Die schrecklichen Folgen des Gaskriegs waren eine Million Verwundete und 90 000 Tote. Bei vielen Verwundeten solcher Angriffe waren die Lungen verbrannt und bei manchen die Augen und Gesichter vollständig vom Gas weggefressen.
Ebenso häufig waren Erblindungen und Verbrennungen der Haut ersten Grades. Schilderungen darüber berichten, dass man die durch Gas verbrannte Haut weder berühren noch verbinden konnte.

Es waren dann die Japaner, die Viren und Bakterien im Zweiten Weltkrieg einsetzten. So kam es 1940 erstmals zum Einsatz von Pestbakterien gegen Einwohner chinesischer Städte.

An schätzungsweise 3500 chinesischen Zivilistinnen, amerikanischen, russischen und britischen Kriegsgefangenen machten sie 1941 Experimente mit Typhus-Erregern.

Im Mai 1942 ermordeten sie 250 000 chinesische Zivilisten durch Anthrax-Kampfstoffe und verseuchten ganze Gebiete.

1943 testete eine japanische Einheit die Seuchenanfälligkeit „weißer Menschen“ an amerikanischen Kriegsgefangenen.
1945 wurden mit Pest infizierte Ratten in den Provinzen Heilongjiang und Jilin in China freigesetzt, um Produktionsstätten zu zerstören, was eine Epidemie mit über 20 000 Todesopfern auslöste.

Nebenbei wurden medizinische Versuche an tausenden Menschen durchgeführt. Dabei handelte es sich um Testpersonen aus der chinesischen Bevölkerung. Getestet wurde auch die Wirkung von Granaten an Menschen, auch Unterkühlungsexperimente und Tests mit hohen Druckunterschieden und dem Einsatz biologischer Kampfstoffe wurden durchgeführt.

Dies machten auch die Deutschen mit russischen Kriegsgefangenen und den Häftlingen der Konzentrationslager.

Die Deutschen wollten im Zweiten Weltkrieg sogar mit Malaria infizierte Moskitos über feindlichem Gebiet ausbringen.
Was sie in den Vernichtungslagern des NS-Regimes mit Millionen Menschen, Frauen, Männern und Kindern, machten, war die Hölle.
Sie wurden erschossen, vergast, erschlagen oder kamen durch grauenhafte medizinische Versuche ums Leben. Was man diesen Menschen antat und wie man ihnen das Leben nahm, ist in unserer heutigen Zeit, nur eine Generation später, unvorstellbar.
Auch davon wollen bei uns die Leute nichts mehr sehen und hören, wobei ich nicht wissen möchte, bei wie vielen Stammtischen in Deutschland man das Ganze einfach leugnet oder zumindest für übertrieben hält.

Mit dem Coronavirus SARS-CoV-2, das bis Weihnachten 2020 weltweit so viele Menschen infizierte, wie die Bundesrepublik Deutschland Einwohner hat, und sich die daran teils elendig Verstorbenen auf die zwei Millionen zubewegen (laut Mediziner sterben etwa 50 Prozent der intubierten Patienten), machten die Chinesen

Experimente in einem Hochsicherheitslabor ganz in der Nähe eines Fischmarktes in Wuhan.
Schon merkwürdig ist, dass schon 2018 anlässlich eines Besuches von US-Diplomaten in diesem Labor diese über Sicherheitsprobleme berichteten.
Die Diskussion, ob nicht ein Wissenschaftler oder eine Reinigungskraft durch Unachtsamkeit das Virus nach draußen verschleppt hat, konnte die chinesische Regierung bis heute nicht befriedigend beenden.
Inzwischen gibt es eine aus China geflüchtete chinesische Virologin, die genau dies behauptet.
So sorgte Dr. Li-Meng Yan Ende September mehrfach für Aufregung, indem sie behauptete, dass die chinesische Regierung für den Covid-19-Erreger verantwortlich sein soll und diesen sogar absichtlich in die Welt gesetzt habe, um diese Pandemie auszulösen.
Sie erklärte, dass sie in einem Labor der Universität Hongkong arbeitete, das weltweit als führendes Coronavirus-Labor gelte.

Merkwürdig war in diesem Zusammenhang, dass die Presse nur zwei Tage darüber berichtete, anschließend war die Virologin aus der Öffentlichkeit verschwunden. Sie hatte noch Verwandte in

Russland. Kürzlich berichteten Nachrichtenagenturen, dass mehrere Menschen in China wegen kritischer Äußerungen über die gleiche Thematik verhaftet wurden oder von der Bildfläche verschwanden.

Hoffentlich wiederholen sich nicht die Dimensionen von 1918, wo die Opfer der Spanischen Grippe zum Ende des Ersten Weltkrieges sich auf über 50 Millionen Toten bezifferten.

Auch eine erschreckende Vorstellung wäre, dass irgendein fanatischer, religiös motivierter Jihadist das Virus Covid-19 in Umlauf brachte.
Das Leben der dann auch selbstbetroffenen Religionsgemeinschaft ist sowieso nicht so wichtig, weil ja die an der Infektion Sterbenden dann in das ewige Paradies kommen, da sie ja dann alle Märtyrer wären.
Aber die Ungläubigen, hauptsächlich die verhassten Amerikaner und wir Europäer, wären endlich vernichtet und kommen alle in die Hölle.
Was uns Ungläubige dort erwartet, ist so fantastisch, dass ich mir ersparen will, dies zu beschreiben.

Man kann ja googeln unter „Hölle im Islam“, informativ und interessant.

Infektionen werden sich auch durch das dramatische Bevölkerungswachstum sowie durch die damit einhergehende Lebensweise noch häufen.
Um 1970 lebten etwa 3,7 Milliarden Menschen auf der Erde, 2020, nur 50 Jahre später, sind es fast acht Milliarden.
Das nur noch massenhafte Auftreten von teilweise 100 000 und mehr Menschen an überfüllten Badestränden, in Bierzelten, Sportstadien, bei Freiluftkonzerten, auf Volksfesten, in Fußgängerzonen, Eisenbahn, S- und U-Bahnen usw. ist für die Verbreitung von Viren und Bakterien ein bestens geeignetes Umfeld.

Auftretende Epidemien blieben früher lokal. Heute dagegen ist es völlig egal, ob eine Epidemie in China, Italien, Japan oder Brasilien ausbricht.
Innerhalb von drei Wochen verbreitet sich die Epidemie auf der ganzen Welt in eine Pandemie.
Der wahnwitzige Flugverkehr von täglich fast 200 000 Flugzeugen sorgt für eine weltweite Verbreitung eines Virus innerhalb von Stunden.

Auch deshalb werden uns epidemisch auftretende Infektionen in Zukunft immer mehr begleiten.

Dazu machen die Massentierhaltung und Schlachtungen von jährlich 60 Milliarden Tieren Schlachthöfe zu Infektionszentren.
Laut der Food and Agriculture Organization. (FAO) der Vereinten Nationen soll sich der weltweite Fleischkonsum bis zum Jahre 2050 auf 465 Millionen Tonnen pro Jahr verdoppeln.

Die Produktion von Billigfleisch erfordert immer mehr, dass die meisten Schlachttiere auf zu wenig Raum gehalten werden, was nur unter Einsatz großer Mengen Antibiotika möglich ist.
Dasselbe passiert in weltweit tausenden Aquakulturen mit den Fischen.

In China schlachtet und isst man nicht nur Hunde, Wildkatzen, Affen, Fledermäuse, sondern auch wirklich alles, was sich bewegt.
Zoonosen nennt man Krankheiten, die beim Menschen und bei Tieren gleichermaßen vorkommen. Bei diesen Krankheiten, die auf den Menschen übertragen werden, stammen bereits über drei Viertel von Wildtieren und es werden

immer mehr. Allein die letzten 25 Jahre haben sich über 30 solcher Krankheiten dem Menschen angepasst.

Die Auswirkungen einer Ernährung, nur mit Fischen aus Aquakulturen und Fleisch von Tieren aus der Massentierhaltung, beeinflussen unsere Gesundheit und vor allem unser Immunsystem.
Auch werden durch die Verfütterung von Antibiotika resistente Keime gezüchtet.
Laut Spiegel verursachen in Europa Klinikkeime 2,6 Millionen Infektionen.
Nach einer Studie sterben jedes Jahr etwa 91 000 Menschen, weil sie sich in einem Krankenhaus eine Infektion eingefangen haben. Auch in Deutschland ist die Zahl der Betroffenen hoch.

Wissenschaftler haben früher schon oftmals vor dem Auftreten eines mutierenden Virus gewarnt, der von einem Tier auf den Menschen (und umgekehrt) übergeht, eine weltweite Pandemie auslöst und dabei die halbe Menschheit dahinrafft.
Auf der ganzen Welt trägt der Mensch durch sein Verhalten dazu bei, dass immer mehr Krankheitserreger von einer Art auf die nächste überspringen können.

Viele Viren stammen von Wildtieren, wie etwa Tollwut, HIV, Ebola, Malaria und das neue Coronavirus Sars-CoV-2.
Das Virus, das die Immunschwächekrankheit Aids auslöste und vom Affen auf den Menschen übertragen wurde, tötete in den 1980er Jahren schätzungsweise 30 Millionen Menschen. Heute gibt es zwar dagegen keinen Impfstoff, aber es konnten wirksame Medikamente entwickelt werden.

Auch das Coronavirus SARS-CoV-2 ist kein Zufall.
Der Mensch verändert rapide die Umwelt, indem er in Ökosysteme wie Regenwälder eindringt, wo es früher zu keiner Berührung mit den dort lebenden Tierarten und Pflanzen gab. Er zerstört dort mit massiven Abholzungen das über Jahrmillionen vorhandene Gleichgewicht und verändert damit die Populationen der Tiere.
Sensible Arten sterben dadurch aus und anpassungsfähigere Arten nehmen überhand und natürlich die mit ihnen existierenden Erreger. Dies geschieht oftmals explosionsartig.

Tägliche Berichterstattungen über multiple Langzeitschäden der Lungenkrankheit Covid-19 auch bei mildem Verlauf, wo keine typischen Merkmale dieser Infektion auftreten, lässt die Befürchtung zu, dass wir von so einer Pandemie, welche die halbe Menschheit ausrottet, vielleicht nicht mehr weit weg sind.

Ein aktuelles Beispiel aus einer Stadt in Bayern für eine nicht sehr erfolgreiche Strategie zur Eindämmung dieser Infektionen: Auf der einen Seite sieht sie weitgehende Kontaktbeschränkungen und Ausgangssperren vor, sperrt alle Geschäfte und Restaurants sowie Fitnessstudios und Friseure zwangsweise zu, aber auf der anderen Seite bedroht die Stadtverwaltung Bürger und Hausbesitzer mit 5000 € Bußgeld, wenn sie den Kaminkehrer zur jährlichen Überprüfung der Gastherme nicht in die Wohnung oder ins Haus lassen.

Einen Kaminkehrer, der in hunderten Wohnungen und Häusern ein und aus geht. Falls dieser „Glücksbringer“ sich in nur einer Wohnung infiziert, verbreitet er das Virus gleich in ganzen Straßenzügen. Da spielt es auch keine Rolle, ob der betreffende Wohnungsbesitzer über 70 Jahre alt ist und schwerwiegende Vorerkrankungen hat.

Da spielt es auch keine Rolle, dass zeitgleich in England eine Mutation des Virus SARS-CoV-2entdeckt wurde, das noch um 70 Prozent virulenter (ansteckender) ist und das gleichzeitig ein Chaos an den Flughäfen verursacht, da der Flugverkehr von Großbritannien nach Deutschland umgehend ausgesetzt wurde.
Ganze Familien, teilweise mit kleinen Kindern, die noch aus Großbritannien ankamen, dürfen die Flughäfen in Deutschland nicht mehr verlassen.

Kaminkehrer dürfen aber weiter von Haus zu Haus und von Wohnung zu Wohnung spazieren.

Gleich 500 000 € Bußgeld werden von der gleichen Stadtverwaltung angedroht, wenn man eine seit fast 30 Jahren bestehende kreisrunde Öffnung für den Kamin eines Gasofens durch eine Holzvertäfelung, nicht auf exakt 5 cm Abstand vom Kamin zuschneidet.
Dies muss nach 30 Jahren jetzt auf einmal innerhalb vier Wochen in dieser hochinfektiösen Zeit im Januar 2021 geschehen, wo noch dazu die Mieterin den Hausbesitzer gewarnt hat, nicht in die Wohnung zu kommen, da sie wegen einer längeren

Begegnung mit einer Infizierten in der Bahn nicht sicher ist, ob sie jetzt infiziert ist.

So hat man ebenfalls in dieser Stadt noch im Frühling 2020 Starkbierfeste veranstaltet, als überall in Deutschland Derartiges wegen der Ansteckungsgefahr schon untersagt war.
Die Veranstalter und die Verantwortlichen hatten dies in der lokalen Presse mit „bayerischer Gemütlichkeit“ und die Genehmigung dafür mit dem Hinweis „eine mutige Entscheidung“ umschrieben. Dies stand dann aber sogar in einem Artikel im „Spiegel“.

Die meisten der Infizierten, die als „geheilt“ gelten, sind auch nicht geheilt, sondern haben als Langzeitfolgen neurologische und organische Defekte wie mehr oder weniger starke Lungenschäden, Geruch- und Geschmacksverlust, Herzprobleme und andere Beschwerden. Endemisch wird dieses Virus sowieso bei uns bleiben.

Immungeschwächte Menschen fallen leichter Erregern zum Opfer. Ein funktionierendes Immunsystem ist immer verbunden mit einer gesunden

Ernährung und Lebensweise. Stetiger Stress, ausgelöst durch Ärger, Lärm, Umweltgifte oder durch das Fehlen von Ruhepolen und regenerativen Rückzugsmöglichkeiten, kann die Immunabwehr und damit die Anfälligkeit für Infektionen beeinträchtigten. Auch Bußgeldandrohungen, wie oben, von 5000 € oder 500 000 € gehören dazu.

Vor 35 Jahren, wenn mich meine Sekretärin in meinem Haus in einem ehemaligen Bauerndorf am Stadtrand anrief und ich noch auf der Terrasse beim Frühstück saß, sagte sie manchmal, „wohnst du in einem Vogelkäfig", so laut hörte sie die vielen singenden und zwitschernden Vögel durch das Telefon.

Heute sind 80 Prozent weniger Vögel im Garten. Der Rest wurde wegen Futtermangel durch die Vergiftung der Insekten mit Pestiziden, Herbiziden, Fungiziden sowie Überdüngung der Böden und Gewässer durch die Landwirtschaft dezimiert. Wenn dann im Garten die einzige noch verbliebene Amselfamilie Junge bekommt, fressen nach kurzer Zeit die Raben oder Elstern diese wieder auf. Den früher im Garten oft dedizierten Gesang der Amseln hören wir schon lange nicht mehr.

In Naturschutzgebieten in Deutschland ist die Anzahl der Fluginsekten von 1990 bis 2016 um 75

Prozent zurückgegangen. Laut einer Studie der TU München ist die Gesamtmasse der Insekten von 2008 bis 2017 auf den Wiesen um 67 Prozent und in den Wäldern um etwa 40 Prozent zurückgegangen. In anderen Ländern der Erde sind diese Zahlen teilweise sogar noch höher.

Statt des Vogelkonzerts höre ich heute auf der Terrasse die Düsengeräusche der Nachbarhäuser, die bei den neuen moderneren Heizungsanlagen entstehen, wenn ein Metallrohr als Kamin im alten Kamin installiert wurde. Auch bei meiner eigenen neuen Heizung. Wenn die Heizungen alle unterschiedlich so 15 Minuten laufen und jeweils ein Düsengeräusch verstummt, fängt verlässlich auf der anderen Seite eine andere Heizung wieder an. Diese neuen Metallrohre verstärken und übertragen nämlich das Brennergeräusch aufs Dach und ins Freie. Den Heizungsbauern, die neue Heizungen mit den neuen Metallkaminen verkaufen und einbauen ist dies sch…egal.

So geht das reihum Tag und Nacht. Wacht man auf, muss man auch im Sommer das Fenster schließen und kann bei geschlossenem Fenster genauso

schlecht wieder einschlafen wie wegen des Düsenlärms der Heizungen bei offenem Fenster.
Dies ist nur ein Beispiel von vielen, wie sich das Umfeld, in dem wir leben immer unnatürlicher entwickelt und die Wohnqualität mehr und mehr abnimmt.
Ein zweites Beispiel dafür, was viele Leute verrückt macht, ist, wenn sie nach dem Tagesstress im Beruf durch eine oder mehrere Straßen mit 30-km/h-Beschränkung nach Hause fahren, wo von den Kommunen regelrechte Jagd auf Autofahrer gemacht wird, die ein paar Kilometer pro Stunde schneller fahren. Als Fahrer muss man sich mehr auf den Tacho konzentrieren als auf das Geschehen auf der Straße, damit man ja nicht geblitzt wird und der Feierabend gelaufen ist.
Manche Anwohner solcher Straßen, die diesbezüglich stressfrei in ihren Häusern lebten, als die 30-km/h-Begrenzung noch nicht galt, machen sich jetzt zusätzlich verrückt.
Da Autofahrer ihrer Meinung nach schneller als 30 Kilometer pro Stunde fahren, stehen manche mehrmals am Tag mit den Händen völlig aufgeregt fuchtelnd vor ihren Wohnhäusern, um die Auto-

fahrer zu belehren und zu beschimpfen. Hauptsächlich natürlich immer die, die ein größeres Auto als sie selbst haben.
Oftmals sieht man solche Menschen so circa vier oder fünf Jahre fuchteln und dann oftmals wegen eines erlittenen Herzinfarktes nicht mehr.

Ich glaube aber, dass es heute eine Menge Menschen gibt, deren Empfindsamkeit schon so heruntergefahren ist, dass sie sich an Lärm und anderen Störungen bis zur Empfindungslosigkeit schon gewöhnt haben; subjektiv.

Als weiteren Ersatz für das Vogelgezwitscher darf ich heute die Romantik der Kirchenglocken genießen, die mit gefühlten 25 Glocken der nahen Kirche mehrmals am Tag einen Lärm veranstalten, als wäre der Dritte Weltkrieg ausgebrochen.
Komischerweise immer, wenn wir auf der Terrasse gerade frühstücken oder zu Abend essen, oder um sieben Uhr früh, wenn das erste Mal am Tag diese Glocken erklingen und wir noch schlafen wollen.
Der Pfarrer hat gemeint, ich solle halt meine Essenszeiten ändern.

Als ich in dieser Kirche kürzlich mal bei einer Taufe eingeladen war, sah ich am Beginn der Bankreihen ein Buch, in das die Gläubigen ihre Wünsche an Gott schreiben.
Da steht: „Lieber Gott, mach dass mein Mann mit dem Saufen aufhört oder hilf dass mein Kind wieder gesund wird“ usw.
Ich habe reingeschrieben: „Lieber Gott, mach dass dieser Lärm vom nervtötenden Gebimmel der Kirchenglocken aufhört.“ Obwohl Jesus gesagt hat: „Nur wer glaubt wird heil“, glaube ich aber nicht daran, dass dies etwas bewirkt.

Sogar schon in der ältesten Dichtung der Menschheit, dem Gilgamesch-Epos, heißt es: „Der Götterfürst Enlil war so erzürnt über die lärmenden Menschen, dass er beschloss, die lästigen Erdenbewohner durch eine Flut auszulöschen.“

Die Kirche, wird dieses für alle hörbare Attribut der Machtausübung erst einschränken, wenn eine Kausalität zwischen dieser ungeheuren und unverschämten Ruhestörung und den Mittelrückflüssen durch Kirchenaustritte hergestellt wird.

Auch nicht der großen Tradition wegen, in der die abendländische Religion die Menschheit seit über 2000 Jahren geprägt, begleitet und auf dem Scheiterhaufen lebendig verbrannt hat, sehe ich in dem zu allen anderen gesundheitsschädlichen Ruhestörungen hinzukommenden Gebimmel einen Sinn.
Auch nicht, wenn sich ein durch absolut nichts belegbarer Aberglaube aufgrund vieler Anhänger „Weltreligion“ nennt.

Alle diese Religionen, die Erfindungen von Menschen sind, wurden in der Vergangenheit bis heute immer wieder modifiziert, so wie es gerade opportun war.
Als Beweis für die Existenz eines Gottes wird immer angeführt, dass man nicht Beweisen kann, dass es keinen Gott gibt.

Als weiterer Beweis für einen Schöpfer werden die Naturkonstanten im Universum gesehen. Es gibt unzählige Naturkonstanten. Bei nur den geringsten Abweichungen einer Konstante gäbe es uns nicht.

Sie werden unterteilt in universelle, elektromagnetische, atomare und physikalisch-chemische Konstanten. Die bekanntesten Naturkonstanten sind die Lichtgeschwindigkeit, sie hat immer den Wert 299 792,458 km/s sowie die Gravitationskonstante, die elektromagnetischen und die atomaren Konstanten und Masseeinheiten.
Hat ein Schöpfer deshalb diese Konstanten so „eingestellt“, weil dadurch Leben entstehen konnte oder musste? Möglich.

Mir würde es aber schon reichen zu erfahren, wer für die Entstehung unserer Sonne oder der anderen 406 Trillionen Sonnen, nur in dem von uns sichtbaren Universum, zuständig war.

Das nichtsichtbare Universum ist etwa nicht deshalb für uns nicht sichtbar, weil es um die Ecke liegt, sondern weil das Licht der Galaxien und Sterne noch nicht die Zeit hatte, uns zu erreichen. Da müssen wir noch ein paar Milliarden Jahre warten.

Die Menschheit hat erst vor etwas mehr als einer Generation angefangen, das Weltall zu begreifen.

Es war der Astronom Edwin Hubble, der 1929 entdeckte, dass das Universum sich ausdehnt und somit die Grundlage für die Urknalltheorie schuf. Weiter entdeckte er, dass es nicht nur, wie man damals annahm, eine Galaxie gibt, sondern Millionen.
Erst später entdeckte man, dass es Milliarden sind. Und hier in nicht mal 100 Jahren einen Schöpfer des Ganzen gleich mit zu „entdecken" ist etwas vermessen.

Sollte unsere Spezies noch in 1000 Jahren existieren, wäre es schon interessant zu erfahren, welche Erkenntnis dann existiert. Mit Sicherheit wissen wir dann mehr über das Universum und vielleicht auch über einen Schöpfer und Gott. Es könnte aber auch sein, dass die Menschheit bis in alle Ewigkeit darüber nichts erfahren wird.

Die älteste uns bekannte Religion, die bis in die allerersten Anfänge menschlicher Kulturen vor 11 500 Jahren zurückgeht, ist die semitische Religion, die ihr Fundament im Ahnenkult hatte.

Aufgrund von Entdeckungen bei archäologischen Ausgrabungen geht man heute davon aus, dass sich die Verbreitung dieser Religion von Mesopotamien und der arabischen Halbinsel bis Nordafrika, Kleinasien, Indien und die Mongolei erstreckte.

Diese nur in der Anfangsphase monotheistische Religion setzte sich fort in der sumerischen und anschließend in der babylonischen Kultur.
Man geht davon aus, dass diese Religion der Ursprung der drei monotheistischen Religionen Judentum, Islam und Christentum war.

Wenn heute die noch existierenden Naturvölker von Papua Neuguinea bis Amazonas ihre Schöpfungsgeschichte erzählen, aber auch wenn man nachliest bei den Indianern Nordamerikas, den Inkas, Indios, den Sumerern, Babyloniern, Indern oder bei der Jahrtausende bestehenden Kultur der Ägypter, so gibt es viele verblüffende Parallelen.
Selbstverständlich muss man viele dieser Erzählungen als Deutung verstehen.

Da ich zwar schon mit 22 Jahren das Alte Testament las, hielt ich aber trotzdem diese oft mit großer Fantasie erfundenen Märchen aller reli-

giösen Schöpfungsgeschichten aus grauen Vorzeiten zwar historisch interessant aber ansonsten ganz schön Absurd. Zwei Jahre später kaufte ich mir den Koran.
Religionen wurden schon immer dazu verwandt, Menschen zu bevormunden, zu unterdrücken und zu beherrschen, den Handel mit Sklaven zu fördern und das Abschlachten sogenannter heidnischer Völker zu rechtfertigen.

Zusätzlich vereitelte die katholische Inquisition jeglichen Forschungstrieb, den sie als Ketzerei anprangerte, um den Herrschaftsanspruch der katholischen Kirche zu schützen.

Was manche dann in diese Überlieferungen und Schöpfungsgeschichten hineininterpretieren, kommt manchmal einem Phantasiegebilde von Wahnvorstellungen nahe.
Man muss nur lange genug diese Geschichten abstrahieren, um die daraus entstehenden Verwirrungen für Menschen einfachen Gemütes interessant zu halten.

Viele, die sich einer Religion zugehörig fühlen, gerade einer die nie säkularisiert wurde, vertreten

tatsächlich Ansichten über ihren religiösen Glauben wie Märchenerzähler.
Dabei sind es aber einfach Geschichten, die das geistige und kulturelle Umfeld der Menschen vor einigen tausend Jahren bestimmen und wiedergeben.
Nur ein kleiner Ausflug in die Astrophysik oder Astronomie, die sich leider nur wenigen Menschen einigermaßen erschließt, würde hier zum Nachdenken anregen.

Andererseits ist das tiefe Vertrauen in eine Religion und einen Gott das Fundament, das manchen Menschen Sinn und Halt für ihr ganzes Leben gibt. Die Grundlage der christlichen Lehre, das Alte Testament, sind die fünf Bücher Mose. Diese fünf Schriften, die lateinisch „Genesis, Exodus, Leviticus, Numeri und Deuteronomium" heißen, sind zugleich der fundamentale Boden der hebräischen Thora.
Sie werden griechisch als Pentateuch bezeichnet, was in hebräischer Lesart Gesetz, Lehre und Weisung bedeutet. Verschiedene Übersetzungen des Alten Testaments, wie die griechische Septuaginta oder die lateinische Vulgata, konkurrieren bezüglich des Wahrheitsgehalts untereinander.

Nur der masoretische Text war immer unter jüdischem Einfluss und wurde nie in andere Sprachen übersetzt.
Ich wollte an dieser Stelle die Namen von 500 Göttern (weltweit) aufführen, ließ es aber bleiben, da ich eigentlich kein Buch über Religionen schreibe.
Die Menschen erkennen auch merkwürdigerweise gar nicht, und wollen es auch nicht erkennen, dass nicht diese Götter ihre Religion interpretieren und vollziehen, sondern sie selbst. Das war schon vor 3500 Jahren so und ist es auch noch heute.

Eigentlich ist die essenzielle Frage dieses Themas völlig in den Hintergrund gestellt worden.
Nämlich die Frage, gibt es einen Gott oder nicht.

Dagegen beschäftigt sich die gläubige Menschheit ausschließlich mit den Nebensächlichkeiten der von ihnen praktizierten Religiosität.
Dadurch wird in allen Religionen von dieser Frage abgelenkt und einfach und diskussionslos vorausgesetzt, dass es diesen Gott gibt.
Schließlich ist dieser Gott oder einer seiner Vertreter (Engel) ja jeweils einem Propheten

erschienen, meist auf einem Berg, wo allerdings nie jemand als Zeuge dabei war.
Warum geschah so eine Erscheinung nicht vor hunderten oder tausenden Menschen, das wäre doch mal was gewesen.
Man beschäftigt sich in den jeweiligen heiligen Schriften mit dem „Wort Gottes", wo aber diese Worte ausschließlich von Menschen verfasst wurden.

Diese Schriften handeln von einem Schöpfer, der ganz nebenbei die Erschaffung von 406 Trillionen Sonnen und noch mehr Planeten (nur im für uns sichtbaren Universum) bewerkstelligte, sich aber ansonsten fast ausschließlich um die persönlichen Lebensgewohnheiten eines Volksstammes vor eineinhalb- und vor dreieinhalbtausend und mehr Jahren beschäftigte.

Da ist es auch völlig, ich möchte den bayerischen Ausdruck dafür verwenden, völlig wurscht, ob das israelische Volk nun vor 3500 Jahren in ägyptischer Gefangenschaft war oder nicht. Die meisten Wissenschaftler halten heute diese Geschichte sowieso für einen Mythos, was aber wie gesagt auch „wurscht" ist.

Ich bin auch überzeugt, dass Juden wie Moses vor 3500 Jahren mit ihrem Gott Jahwe kommunizierten. Ich bin auch überzeugt, dass meiner Tante, wie sie mir erzählte, ihr verstorbener Mann im Wohnzimmer öfters erschienen ist.

Ich bin aber auch überzeugt, dass nur sie in ihrem Geiste diese Manifestationen produzierte. Ich hätte ihn natürlich nicht gesehen, da er ja auch nicht da war.
Auch Moses und andere Propheten „sahen" wahrscheinlich Gott oder irgendwelche Engel, wenn ihr Geist diese Erscheinungen für sie produzierte. Wenn nicht, waren sie Schwindler.
Solche Erscheinungen sind aber auch typisch für eine besonderen Form der Epilepsie.

Damit und mit anderen Dingen beschäftigten sich Generationen von Historiker.
Die Autoren dieser Schriften unterlagen vor tausenden Jahren natürlich noch mehr einer phantastischeren Phantasiewelt über das Leben, über Götter und über die Natur.

Auch die 1947 gefundenen 15 000 Fragmente in den Tonvasen von Qumran sind nicht mehr als eine

vor etwa 2300 Jahren niedergeschriebene Glaubensphantasie, vermischt mit Erzählungen über die Lebenswelt der Essener und der übrigen Menschheit zur damaliger Zeit.
Die Essener waren eine in sich verschlossene hochspirituelle Glaubensgemeinschaft, die in der Gegend von Qumran lebte. Es gibt Hinweise, dass Jesus die bewussten „40 Tage in der Wüste“ bei den Essenern war.
Unbenommen aber ist, dass sie ein unschätzbares Dokument des antiken Judentums und des Urchristentums darstellen.

Ich kann aber doch niemandem eine realistische Erklärung über eine so absolute und allumfassende Faktizität wie über die Existenz eines Schöpfers von Milliarden Galaxien und Trillionen Sonnen abnehmen, der ansonsten überzeugt war, die Erde wäre eine Scheibe und eine Sonnenfinsternis ein Ereignis, das extra für böse Menschen gemacht war.

Historisch gesehen sind die Entstehungsgeschichten sämtlicher Religionen, die oftmals viele Seiten füllen, natürlich hochinteressant. Geschrieben wurden darüber tausende Seiten in unzähligen Büchern, wo teilweise furchtbar gescheite Leute wirklich endlos über alles und nichts schreiben, aber nie zum Punkt kommen, ob es nun einen Gott gibt und wo denn der nachvollziehbare Beweis für dessen Existenz ist.

Alles andere ist für mich historische Lektüre zum Zeitvertreib. Inzwischen kann man im Internet auf dem YouTube-Portal hunderte selbsternannte „Religionserklärer" sehen, die einen derartigen Quatsch von sich geben, wo man mit Erschrecken realisiert, dass es offensichtlich noch Dümmere geben muss, die so etwas konsumieren und auch glauben.
Grimms Märchen oder die Geschichten von Tausendundeiner Nacht erscheinen dagegen wie realistische Tatsachenberichte.

Dass manchen Menschen mitunter unglaubliche und durch nichts erklärbare Ereignisse widerfahren, ist bekannt. Wenn dann dafür keine Erklärungen vorhanden sind, wird der Einfachheit halber oftmals ein religiös spiritueller Hintergrund verortet. Manche gehen sogar soweit, solche Ereignisse einer imaginären göttlichen Präsenz zuzuschreiben.

Ein schon lustiges Beispiel dafür sehe ich oftmals an einer Straßenkreuzung neben meinem Parkplatz in der Stadtmitte. Dort an dieser Kreuzung von Hauptverkehrsstraßen sind an der Ampelanlage Drücker für Blinde angebracht, die beim drücken Informationen in Form akustischer Signale auslösen.
Viele Passanten drücken diesen Schalter ganz hektisch und sind überzeugt, dass der Drücker dafür da ist, dass die Ampel für Fußgänger auf Grün schaltet, was bei reinen Fußgängerüberwegen der Fall ist.
Man kann diese Leute unmöglich davon überzeugen, dass der Drücker eine andere Funktion hat, da ja der Beweis für ihr Drücken sich regelmäßig einstellt. Die Ampel schaltet ja kurze Zeit nach dem Drücken wieder auf Grün.

Wen oder was man als Auslöser unerklärbarer Ereignisse festmachen könnte, ist immer nur Spekulation und realistisch überhaupt nicht möglich.
Da aber unser Bewusstsein und vor allen Dingen unser Unterbewusstsein weitgehend unerforscht sind, bleibt es hier spannend.

Jedenfalls ist dies alles kein Beweis für eine göttliche Mitwirkung allen Geschehens. Hätte ein omnipotenter Gott ein Universum erschaffen, in dem es so viele Sterne (Sonnen) gibt wie alle Sandkörner zusammen auf der Erde, und das so gewaltig ist, dass unser menschlicher beschränkter Geist es sich gar nicht vorstellen kann, dann hätte er den Menschen auf diesem Planeten erschaffen und dabei vergessen, irgendeinen Beweis für seine Existenz zu hinterlassen.

Die Religionen haben alle dieses Problem sehr erfolgreich gelöst. Heute würde man sagen, sie machten einen Schritt voraus.

Dabei spielt der Glaube die Schlüsselrolle.

Wenn nämlich ein Mensch (aufgrund fehlender Fakten) nur fest an den jeweiligen Gott glaubt, dann wird er angeblich im Himmelreich oder im Paradies von diesem belohnt. So kann man eigentlich alles erklären, da man nichts beweisen muss.

Der Prophet Jesus hat mit dem Beispiel vom ungläubigen Thomas, niedergeschrieben im Neuen Testament von den vier Evangelisten Matthäus, Marcus, Lucas und Johannes, das letzte Beispiel vor seiner „Himmelfahrt“ für die Macht von glauben und der Macht des Glaubens gegeben.

So ist auch der Spruch im Volksmund
„Glaube versetzt Berge“ gar nicht so banal, wie er aussieht.
Seit der Aussage des bedeutendsten Physikers des 20. Jahrhunderts, des Nobelpreisträgers für Physik Werner Heisenberg, dass „der Geist nicht eine Erscheinung der Materie ist, sondern dass wir ihn als Schöpfer und Beherrscher der Materie begreifen müssen“, kommt diesem Spektrum nämlich eine völlig andere Bedeutung zu.

Schon interessant ist dazu auch der Text aus dem Prolog des Johannes-Evangeliums:
„Am Anfang war das Wort (Geist) und das Wort war bei Gott, und Gott war das Wort. Dasselbe war im Anfang bei Gott. Alle Dinge sind durch dasselbe gemacht, und ohne dasselbe ist nichts gemacht, was geworden ist – in ihm war das Leben.) Joh.1,1–4.
Himmel und Erde werden vergehen, aber meine Worte werden nicht vergehen.

Interessant war für mich bei sämtlicher Lektüre über Religionen und Physik, dass Themen wie Bevölkerungsexplosion und die daraus resultierende Zerstörung unserer Biosphäre, Kriege,

Gewaltpotenzial, Grausamkeiten aller Lebewesen, Tierethik, radioaktive Verseuchung usw., meistens völlig ausgeblendet werden.
Bei den Einen, weil sie davon ausgehen, dass ja am jüngsten Tag sowieso alles geregelt wird, und den Anderen, weil sie mit ihrer Wissenschaft über allen Dingen stehen.

Wann begann der „Spaß“

Waren Gewalt, Grausamkeit und die Bereitschaft zu töten und Kriege zu führen immer schon in uns angelegt oder gibt es dafür einen Zeitpunkt in der Evolution?
Psychologen hatten nach dem Zweiten Weltkrieg Untersuchungen angestellt, um zu ergründen, welche Charaktere es waren, die in den KZs die grausamsten und perversesten Aufseher waren.
Zur Verblüffung der Psychologen konnten keine signifikanten Eigenschaften zugeordnet werden, sondern es waren Menschen wie „du und ich“.

Die Menschen verdrängen zeitweise erfolgreich, dass sie grausame Bestien sind, und glauben, sie sind die lieben Kinder eines liebenden und gütigen Gottes, die sie gerne wären.
Seit vor Millionen Jahren das Leben auf der Erde entstand, war es ein Leben, wo die eine Art davon lebt, die andere zu töten und aufzuessen.

Gerade in den Ozeanen entstand ein Fressen und Gefressenwerden von gigantischem Ausmaß.

Aber auch verwandte Arten wurden teilweise verspeist. So glaubt man heute, dass der Neandertaler, der 130 000 bis etwa 40 000 Jahre vor unserer Zeit existierte, einfach deshalb von der Bildfläche verschwand, weil er mit der Zeit von dem sich immer mehr ausbreitenden Homo sapiens, der vor 40 000 Jahren nach Europa kam, aufgegessen wurde.

Es könnte aber auch ein Vulkanausbruch der Campi Flegrei (der Felder) in Italien vor 39 000 Jahren gewesen sein, der 250 Kubikkilometer Material in die Atmosphäre beförderte und eine Klimakatastrophe in Europa auslöste, die den letzten Neandertalern den Todesstoß versetzte.

Interessant ist auch, dass der Homo sapiens polygam lebte und dadurch sein Erbgut breiter streuen konnte. Damit hatte er dem Neandertaler gegenüber, der monogam lebte, einen entscheidenden Vorteil zur Erhaltung und Verbreitung seiner Art.

Die Menschen entwickelten zu Beginn der Kulturen, als vor etwa 11 500 Jahren in Göbekli Tepe in Südostanatolien die ersten Tempel erstanden, Riten und später Religionen. Diese sagten ihnen auch, welche Lebewesen sie töten und essen durften und welche nicht.

Im heutigen südlichen Irak entstanden vor 5000 Jahren die ersten Städte – Ur, Uruk, Babylon, Ninive, Mari und Asur.
Auch die Bibel erwähnt diese durch Kriege entstandenen Stadtstaaten zwischen Euphrat und Tigris.
Hier zwischen diesen beiden Flüssen sollte auch das Paradies verortet sein, wo laut Altem Testament im Garten Eden die Schöpfungsgeschichte des Menschen beginnt. Meine Überzeugung ist aber, dass es sich spätestens mit der Schilderung über die Erschaffung von Adam und Eva um eine Geschichte über die „Erschaffung" des Volkes der Juden handelt.

Auch über den ersten Mord, wo Kain der Sohn von Adam und Eva seinen Bruder Abel erschlägt, berichtet das vor etwa 2700 Jahren entstandene Alte Testament.

Abel war Hirte und hütete seine Schafe, Kain bestellte als Ackerbauer die Felder.
Nach einer Zeit brachte Kain von den Früchten des Feldes Gott ein Opfer dar. Abel opferte ebenfalls ein junges Tier seiner Herde.
Aber nur das Opfer von Abel fand die Beachtung Gottes. Kain und seinem Opfer schenkte Jahwe dagegen keine Beachtung.
Das erzürnte Kain und er war auf Abel so neidisch, dass er ihn mit einem Stein erschlug.

Das Alte Testament, das schon im ersten Kapitel von menschlicher Gewalt erzählt, schildert hier nicht nur den ersten Mord, sondern auch die Kriege und die brutale Gewalt unter den Menschen. Meistens geht es um Neid und Eifersucht, eine Eigenschaft, die Menschen gerne leugnen.

Friedrich Nietzsche bezeichnete mal Neid als „das Schamteil unserer Seele“. Vom Neid zum Hass ist kein weiter Weg.

Ist also die Lust am Töten eine genetische Disposition?
Eine eindeutige Antwort dazu geben Untersuchungen durch Psychoanalytiker und Soziologen

am Beispiel der Wildjagd, über die der frühere Bundespräsident Theodor Heuss einmal gesagt hat: „Jagd ist nur eine feige Umschreibung für besonders feigen Mord an chancenlosen Mitgeschöpfen."
Sie ist ein Beispiel für die latente Grausamkeit der Gattung Mensch, begleitet von den Klängen der Jagdhörner. Das An- und Abblasen der Jagd soll dem ganzen Gemetzel einen elitären Anstrich geben, scheint in diesem Zusammenhang aber eher pervers.

Fanfarenklänge, dem Werke Les Preludes von Franz Liszt entlehnt, leiteten schon während des letzten Weltkrieges in den Wochenschauen die Frontberichte des Oberkommandos der Wehrmacht ein. Auch eine heroische Berichterstattung vom Töten.

Über den „Jagdtrieb" und den „Kick" beim Töten hat ein Jäger sogar eine Doktorarbeit geschrieben. In seiner Dissertation „Die Jagd als Mechanismus der biotischen und kulturellen Evolution des Menschen" schreibt Günter R. Kühnle:

„Weltweit wird die Wildjagd unserer Zeit selten noch aus rein praktischen Motiven (z. B. Nahrungsjagd), sondern um eines starken emotionalen Erfolges Willen (der Kick beim Töten des Tieres, Freude, Glück, Zerstreuung, Entspannung, Abenteuer) oft mit großer Leidenschaft und Hingabe betrieben. Für die modernen Jäger unserer Zeit bedeutet das Töten des Wildes notwendige Bedingung zum Erreichen des oft leidenschaftlich intendierten emotionalen Ereignisses (der Kick)."

Kühnle beschreibt den erlebten Kick beim Töten des Wildes als „die Erfahrung einer extremalen Befriedigung vermittels (virtueller) Macht über die dem Menschen mit dem Bewusstsein der Endlichkeit (Todesangst) unbeherrschbar und unabwendbar bedrohlich erscheinende Natur".

Eine große Jägerzeitschrift widmete dieser Dissertation einen großen Artikel über Triebforschung. Mit der Überschrift „Keine Angst vor der Lust" sollte Jägern Mut gemacht werden, offen zu ihrem Jagdtrieb zu stehen: „Beim Erlegen des Wildes erleben Jäger einen Kick und zu dem sollten sie sich bekennen."
(Wild und Hund 24/2003)

Und dann wurde in Anlehnung an Kühnles Doktorarbeit erklärt, wie der Jäger durch das Töten von Tieren sich unbewusst das Gefühl verschaffe, die Natur mit ihrer beängstigenden Todesgewissheit zu beherrschen und so die Todesangst zu überwinden. Der Jagdtrieb sei laut Kühnle eine „genetische Disposition". Im Jägergehirn wirke „ein kulturspezifischer Elementartrieb, der in der Geist-Gehirn-Interaktion Jagdmotivation generiert".

Der Psychoanalytiker Paul Parin beschreibt in seinem Buch, „Die Leidenschaft des Jägers", wie er den Höhepunkt beim Schuss als Orgasmus erlebte, als er als Dreizehnjähriger seinen ersten Haselhahn erlegte:
„Ich drücke ab, höre keinen Knall, spüre den Rückstoß nicht. Ich bin aufgesprungen, blind und taub stehe ich da. Eine unerträgliche Spannung, irgendwo im Unterleib, etwas muss geschehen. Plötzlich löst sich die Spannung, in lustvollen Stößen fließt es mir in die Hose, nein, es ist das, der wunderbare Samenerguss, der erste bei Bewusstsein. Ich stehe aufgerichtet, das Gewehr in der Linken, kann wieder hören und kann sehen. – Dort liegt die Beute, ein Haufen bunter Federn".

Auch von Erschießungen im Krieg wurde immer wieder berichtet, dass sich die Schützen dabei aufgeilten. Und so manchem SS-Schergen verschaffte das Erschießen von Gefangenen diesen „Kick“.

Jäger gehen nicht auf die Jagd, um den deutschen Wald vor Rehen und Hirschen zu retten, auch nicht um die Landwirtschaft vor der Verwüstung durch Wildschweinhorden zu retten.
Sie gehen nicht auf die Jagd, um die Bevölkerung vor Seuchen zu schützen.
Jäger gehen nicht auf die Jagd, um angebliche Überpopulationen zu regulieren.
Jäger gehen nicht auf die Jagd, Naturschutz zu betreiben – niemand macht den Jagdschein, um Hecken zu pflanzen und Biotope anzulegen.
Jäger gehen nicht auf die Jagd, um Tiere zu sehen und die Natur zu erleben – das könnten sie auch mit Fotoapparat, dafür braucht man kein Gewehr.

Jäger schießen Tiere tot, weil es ihnen einen „Kick“ verschafft, weil sie eine triebgesteuerte „Freude am Beutemachen“ und am Töten haben.

Doch rechtfertigen der „Kick“ und die „Freude am Beutemachen“ das Töten von über fünf Millionen Wildtieren und den Abschuss von etwa 40 000 Hunden und über 300 000 Katzen jedes Jahr?

Ist der bei manchen Menschen angeblich angeborene Jagdtrieb eine Rechtfertigung für das Töten von Tieren – und das auch noch als Hobby?
Schließlich ist bereits seit einem Jahrzehnt der Tierschutz als Staatsziel im Grundgesetz verankert – und das Tierschutzgesetz verlangt bekanntlich für das Töten von Tieren einen „vernünftigen Grund“. Ist es nicht an der Zeit zu sagen: Es gibt im 21. Jahrhundert keine Rechtfertigung mehr, den blutigen Krieg gegen unsere Mitgeschöpfe in Wald und Flur fortzusetzen.

Die Folgen der Jagd spiegeln sich nicht nur im Tod der Tiere wider. Jagd zerstört Tierfamilien und soziale Verbände, sie vertreibt die Tiere aus ihren Wohn- und Ruheplätzen. So werden gewohnte Wechsel unterbunden und völlig untypische Wanderungen ausgelöst.
Jagd versetzt unsere Wildtiere in ständige Angst und Schrecken und neurotisiert sie.

Das führt so weit, dass plötzlich ein intelligentes Tier wie ein Reh oder Wildschwein auf der Flucht vor den Jägern auf die Straße und vor ein Auto rennt. Jagd bringt das natürliche Gleichgewicht völlig durcheinander: Rehe und Wildschweine bekommen plötzlich im Spätherbst und Winter ihre Jungen.

Die Geburtenrate steigt, um die von Jägern verursachte Dezimierung wieder auszugleichen. So genannte „Schonzeiten" sollen es den Tieren ermöglichen, ihren Nachwuchs ungestört zur Welt zu bringen – schließlich ist dies für menschliche Jagdfreuden unerlässlich.

Dazu machen die sogenannten Tierfreunde, die Menschen, zu Sylvester oft riesige Feuerwerke. In Kitzbühel geht der Irrsinn sogar soweit, dass gleich an zwei Tagen hintereinander, Sylvester und Neujahr, die Stadtgemeinde zwei riesige Feuerwerke veranstaltet und genehmigt.

Umgeben von Bergwäldern, in denen sich der Schall der Explosionen von den Böllern und Raketen mit ohrenbetäubendem Lärm fängt.

Da wir selber am Waldrand wohnten, hörte sich dies an, als wenn im Wald eine große Panzerschlacht stattfindet oder der Wald bombardiert wird.

Das durch die Winterkälte schon extrem gestresste Wild ist dadurch so verängstigt und verstört, dass es tagelang ziellos umherrennt. Bei vielen durch den Winter geschwächten Tieren führen die Fluchtreaktionen dazu, dass sie den Winter nicht überleben.
Keiner von den selbstherrlichen „Wildhegern“ lanciert darüber mal einen Artikel in der Presse. Die Jagdverbände, wie kürzlich der Bayerische Jagdverband, kritisieren in der Presse aber eifrig, „dass Erholungsuchende und Spaziergänger häufig Absperrungen und Hinweise auf Ruhezonen missachten“ und natürlich Hunde nicht anleinen.

Qualvoller Fallentod:
Die Fallenjagd gehört zu den am weitesten verbreiteten Methoden, um Füchse und Marder zu fangen. Der Gesetzgeber schreibt vor, dass die Fallen „sofort töten“ oder aber „unversehrt fangen“ müssen.
In Wirklichkeit sind Fallen „tierquälerische Folterinstrumente“ (Dag Frommhold: Informationen zur Jagd). Beispiel „unversehrt fangende Kastenfalle“. Studien zufolge gerät das Tier in Panik, wenn sich die Falle schließt und verletzt sich oftmals schwer.

Dann liegt das Opfer über Stunden und Tage hungernd und durstend, von grausamen Schmerzen gepeinigt und wartet auf den Tod. Ebenso kann niemand garantieren, dass sogenannte „Totschlagfallen“ das Tier sofort töten.
Gerät beispielsweise ein Marder in eine für ihn viel zu große Fuchsfalle, wird er schwer verletzt, aber nicht sofort getötet. Füchse versuchen, den Köder mit der Pfote zu nehmen und werden zu Krüppeln gemacht.

Schlägt die Falle über der Pfote eines Fuchses zu, kommt es nicht selten vor, dass er sich das Bein oberhalb des ihn festhaltenden Stahlbügels abbeißt, um zu entkommen.
In der Jägersprache heißt das: Der Fuchs „schneidet aus“. Eine Untersuchung von 650 Füchsen – darunter etwa ein Viertel aus Fallenfängen – ergab, dass sieben Prozent der Füchse alte Beinverletzungen hatten, sie also aus Fallen entkommen sein mussten.

Füchse werden heute massenhaft getötet und dienen den Jägern als lebende Zielscheiben. Um die Tötung von jährlich rund einer halben Million Füchse zu rechtfertigen, wird ihnen kurzerhand das

Image eines Krankheitsüberträgers verpasst, obwohl die Fakten eine völlig andere Sprache sprechen. Deutschland ist gemäß der WHO seit 2008 frei von terrestrischer Tollwut und der Fuchsbandwurm zählt laut Prof. Brehm vom Institut für Hygiene und Mikrobiologie der Universität Würzburg zu den seltensten Parasitosen Europas.

Auch das Argument des Artenschutzes ist Augenwischerei. Den wahren Grund für die Fuchsjagd geben Jäger sogar offen zu: „Um unser Niederwild zu hegen und wieder gute Strecken an Hasen und Fasanen zu erzielen, dürfen wir nicht nachlassen, seine Beutegreifer zu bejagen."

Aber auch Greifvögel wie Bussarde und sogar Fischadler werden Opfer von Bügelfallen und Tellereisen. Doch damit nicht genug: Auch zigtausende Hauskatzen und Hunde werden in diesen angeblichen Totschlagfallen gefangen und ziehen sich schwerste Verletzungen zu.

Für Rehe und Wildschweine wurden besonders grausame Patronen, so genannte Deformationsge-

schosse, entwickelt: Beim Schuss wird die Bauchhöhle aufgerissen, da sich die Geschosse im Leib der Tiere vergrößern.
Wenn der Schuss nicht sofort tödlich war und das Reh angst- und schmerzgepeinigt wegläuft, treten Blut und innere Organe aus.

Die Tiere ziehen sich beim Flüchten selbst den Darm aus dem Leib, weil sie sich mit den Beinen darin verfangen. Das sind die „Pirschzeichen“ für den Jäger; auf diese Fährte setzt er seinen Hund bei der „Nachsuche“.
Bis zum tödlichen Schuss schleppen sich die angeschossenen Tiere stunden- oder tagelang mit zerfetztem Körper, heraushängenden Eingeweiden, gebrochenen Knochen auf der Flucht vor den Jägern durch den Wald.

Man hat mir Bilder gezeigt von solchen verletzten Tieren oder von einem Reh, das sich auf drei Füßen durchs Gebüsch schleppt, der vierte Fuß durchschossen und nur noch an Haut und Sehnenfetzen hängend, und ihrem noch kleinen Kitz, das panisch verstört seiner vor wahnsinnigen Schmerzen und Unverständnis gezeichneten Mutter hinterherläuft.

Oder von einem Wildschwein, das unter schrecklichen Schmerzen verhungert ist, weil ihm der Unterkiefer weggeschossen wurde. Von Füchsen, die in Tierfallen geraten sind und sich selber aus Todesangst den Fuß in der Falle abgebissen haben, um freizukommen.
Was auch nett für die Rehmütter sein muss, ist, wenn Jäger vor ihren Augen regelmäßig von zwei auf die Welt gebrachten Jungen ein Kitz totschießen. Angeblich, damit sie das andere besser durch den Winter bringt.

Das wären doch mal interessante Artikel in den Zeitungen, lanciert von den Jagdverbänden, statt immer regelmäßig derselbe Artikel von dem bösen Hund, der ein Reh reißt, das zufällig jedes Mal trächtig ist.

Genauso wie durch solche Zeitungsberichte wird die Mehrheit der Menschen fortdauernd verblödet und glaubt noch an eine edle (was hat das getötete Tier davon) Geste, wenn Jäger dem getöteten Tier einen Tannenzweig ins Maul stecken und dazu die Jagdhörner ehrfürchtig ertönen.

Treibjagden:
Bei Treibjagden werden alle Tiere in Todesangst versetzt und es wird auf alles geschossen, was sich bewegt. Besonders beliebt sind Treibjagden auf Feldhasen. Mehrere Jäger und Treiber bilden dabei einen großen Kreis und laufen dann langsam nach innen. Jeder Hase, der in diesem Bereich sitzt, schreckt natürlich irgendwann hoch und läuft nach außen, wo er mit Schrot erlegt wird. Mitunter schreien die sich im Schrothagel überschlagenden Hasen wie kleine Kinder.

Gerade bei Treibjagden treffen nur wenige die in Todesangst rennenden Tiere beim ersten Schuss tödlich. Mit zerschossenen Knochen und heraushängenden Innereien quälen sich die Wildtiere oft tagelang und sterben einen qualvollen Tod.

An einem meiner Wohnsitze, am Stadtrand zwischen Reihenhäusern und Einfamilienhäusern, veranstalten Jäger solche Treibjagden. Ein Wunder, dass noch niemand aus versehen erschossen wurde, jedenfalls meines Wissens nach.
Heute Morgen sagte mir meine Frau, als sie vom Spaziergang mit dem Hund zurückkam, dass sich wegen so einer Treibjagd ein paar hundert Meter

von unserem Haus entfernt etwa 15 Jäger versammelten und in sichtlich freudiger Erwartung gerade einen Umtrunk im Stehen veranstalteten.
Die Folge davon wird sein, dass viele kleine Hasenkinder im Bau auf ihre Mutter warten werden, die sie beschützen, wärmen und ernähren soll.
Sie werden vergeblich warten und sich immer mehr ängstigen, bis sie langsam erfrieren und verhungern.
Die wackeren Jäger und Treiber dagegen werden sich nach der Jagd, der guten Strecke wegen, am Abend kräftig besaufen.

Wie schon erwähnt erscheinen regelmäßig in der örtlichen Presse, so ein bis zweimal im Jahr, Artikel lanciert von den Jagdverbänden mit immer demselben Thema: von einem von Hunden gerissenen Reh, dass natürlich immer trächtig war.
Das soll bewirken, dass Menschen, die in diesen Häusern wohnen und mit ihren Hunden spazieren gehen, den Hunden keinen Auslauf mehr erlauben sollen, und auch, dass den Jägern ja kein „Stück“ durch einen Hund abhanden kommt.
Rehfleisch können die Jäger nämlich gut verkaufen.

Durch solche Artikel sollen auch bewusst Nichthundebesitzer und Hundebesitzer gegeneinander aufgehetzt werden. Deshalb schreien heute hauptsächlich Frauen schon ganz hysterisch oder pöbeln mich an, wenn in der freien Natur mein mittelgroßer guterzogener Hund ohne Leine neben mir friedlich daherkommt und nicht angeleint ist.

Wo wir manchmal an einem Flussufer mit dem Hund spazieren gehen, hat eine Stadtverwaltung am Beginn dieses Spazierweges doch tatsächlich sechs Schilder in nur drei Metern Entfernung voneinander aufgestellt, die darauf hinweisen, Hunde anzuleinen.

Auch die Bauern mit Jagdrecht beteiligen sich am Schilderwahn und weisen am Rande eines Weizenfeldes darauf hin, dass Hunde anzuleinen sind, weil ein Reh ihre Jungen in dieses Weizenfeld gesetzt hat. Dabei sind sie es, die mit ihren Erntemaschinen die Kitze grausam verstümmeln und töten. Sogar in Orten wie Kitzbühel, wo meine Frau und ich am Morgen immer auf dem Schwarzsee-Rundweg die wunderschöne Natur mit Wald, Wasser und Berge genossen haben, hat die

Gemeinde diese Naturdestination an diesem kleinen See ebenfalls zerstört.
Es sind jetzt etwa 15 Gebots- und Verbotsschilder bezüglich der Hunde am Rundweg aufgestellt.
Dazu etwa zehn Schilder mit irgendwelchen sinnlosen Malereien von gemeindlichen Selbstdarstellern, was zusammen etwa 25 Schilder ergibt. Dabei sind die sich im Moorsee spiegelnden Berge mit dem den See begrenzenden Fichtenwald, der sich ebenfalls im See spiegelt, die mit Abstand schönste Malerei am See. Es gibt heute eine Menge Menschen, gerade in den Kommunalverwaltungen, denen das Gefühl für das Natürliche abhanden gekommen ist und denen die Schilder auch gefallen, da sie für jede Art von Gängelei der Bürger zu haben sind.

Von den heute nur noch in Massen auftretenden Leuten ein Gespür für Tiere und Natur zu erwarten, ist Fehlanzeige. Diese Konsum- und Plastikgesellschaft wird weltweit unsere Natur und damit sich selbst zerstören.
Dass wir ein Teil dieser Natur sind, haben die Menschen schon lange vergessen.
Gerade sehe ich auf einer Live-Webcam im Norden Kanadas eine Polarbärenfamilie im schneeweißen

Fell. Eine Bärenmutter mit ihren zwei noch kleinen Jungen.
Die Vorstellung, dass für eine Robbenfamilie diese keine kuscheligen Tierchen sind, sondern grausige Bestien, ist beim Betrachten dieser Bilder schwer vorstellbar.
Sind es aber wirklich grausige Bestien, die keine Sekunde zögern würden, ein Robbenbaby noch halb lebend schon mal anfangen zu fressen, um den Hunger zu stillen?
Oder sind nur Menschen grausige Bestien, die foltern, morden und töten und dies wie in Hiroshima gleich mit 70 bis 80 000 Tote durch eine einzige Bombe.

Die Frage beinhaltet eine gewisse Ambivalenz, obwohl man zu 100 Prozent davon ausgehen kann, dass für den Hunger der Bärenfamilie die Robben überhaupt kein Verständnis zeigen würden.
Für sie sind die Bären definitiv grausige Bestien.

Die geläufige Erklärung, Tiere würden nur aus Hunger töten, macht die Situation nicht weniger grausam und schrecklich.

Andererseits töten Tiere auch wegen der Verbreitung ihrer Gene, wie Löwen und Bären, die mitunter den Nachwuchs eines Rivalen umbringen.

Das Dilemma ist hier eher, warum fressen Bären Robben und warum töten und quälen Menschen andere Menschen (und Tiere).
Schon in den vorherigen Kapitel war ich auf der Suche nach einer Antwort.
Gerade in den Meeren findet ein ständiges Fressen und Gefressenwerden statt.

Ohne aber auch nur in die Nähe einer Antwort gekommen zu sein, bin ich trotzdem überzeugt, dass ich in einer völlig verlogenen Osterlammkultur (mit Fähnchen darauf) völlig falsch erzogen wurde.

In den 50er und 60er Jahren des letzten Jahrhunderts hat man in der Schule die Gewaltdiktatur des Nationalsozialismus, die Millionen Toten und Verstümmelten des Zweiten Weltkrieges, die sechs Millionen grausam ermordeten Menschen hauptsächlich jüdischer Abstammung, die Konzentrationslager sowie alles Weitere komplett ausgeblendet.

Die Lehrer, die größtenteils noch aus der Nazizeit stammten, die Religionslehrer, die uns Buben Ängste vorm Erblinden durch Selbstbefriedigung einredeten, die Schulbücher, die wir bekamen, alles Schwindel.

Wir wuchsen auf mit einem Westernfilmhelden, der in allen Filmen einen völlig Verwirrten spielte und Fuzzy hieß. Ausgesehen hat Fuzzy wie ein asozialer Alkoholiker nach drei erfolglosen Entzugstherapien.
Bei Schießereien in diesen Filmen waren immer nur die Bösen tot, die Guten hatten meist nur, wenn überhaupt, eine „harmlose Fleischwunde".

Wir Kinder sahen bei diesen Schießereien, übrigens auch in allen Kriegsfilmen, nichts von den Verstümmelungen, die Schusswaffen anrichten können. Wir sahen natürlich auch nicht, dass bei so einer Schießerei den Beteiligten eventuell der Unterkiefer weggeschossen, eine Niere oder die Blase zerfetzt wurden, die Geschlechtsteile oder das halbe Gesicht fehlten.
Man sah nicht die Schmerzen und nicht das elendige Sterben oder besser gesagt das traurige Verrecken.

Heute gibt es Filme im Internet über die grausamen Verstümmelungen im Ersten und Zweiten Welt-krieg, über die Erfrorenen in Stalingrad, über die Konzentrationslager der SS, über die Gulags in Russland und vieles mehr.

Von den tagelangen Bombardements waren manche Soldaten 1914 in den Schützengräben an der Somme und in Verdun teilweise psychisch so verletzt, dass manche ihren ständig zuckenden Körper das ganze Leben nicht eine Sekunde mehr ruhig halten konnten.

Oder von Verletzten, denen der Unterkörper komplett fehlte oder von denen nur noch der Torso ohne Beine und ohne Arme übrig war.
Man zeigte uns auch nicht die verstrahlten und verkohlten Körper und Gesichter von Erwachsenen und Kindern, durch die Atombombenabwürfe in Hiroshima und Nagasaki.
Auch nicht die bei den Atombombenversuchen zu Versuchszwecken angebundenen Tiere wie Pferde, die noch lebten und denen die verbrannte Haut wie geschält bis zum Boden runterhing.

Warum haben Politiker, Lehrer und Religionslehrer uns Kinder nicht die Wahrheit erzählt, sondern nur lauter Lügen?
Vielleicht weil Pazifismus zwar eine edle Gesinnung ist, die aber nur sinnvoll ist, wenn alle Staaten und Völker dieser Welt sich dem anschließen.

Dass dies aber im höchsten Maße unrealistisch ist, wird wohl jeder des Denkens fähige Mensch einsehen.
In alten Filmen von 1914, die auf Bahnhöfen den Abmarsch der Soldaten zur Front zeigen, werden die Regimenter unter Volksfeststimmung mit Blumen in den Gewehrläufen verabschiedet. Die Soldaten freuten sich richtig und meinten, in vier Monaten wären sie wieder Zuhause (als Sieger).

Wären diese auch so euphorisch in den Kampf marschiert, wenn man ihnen Filme hätte zeigen können, was sie wirklich erwartet. Filme die gezeigt hätten, wie hunderttausende in den Schützengräben durch Granaten zerfetzt und in einzelne Stücke gehackt oder zwischen den Ratten im Morast zu Brei gestampft wurden.
Oder über die täglichen Angriffe mit Chlorgas, durch die nicht nur 90 000 Soldaten ihr Leben

verloren, sondern über eine Million Erblindungen, Verbrennungen und schwere Verätzungen der Lunge davontrugen.
Ich glaube, sie wären nicht so gut gelaunt in den Krieg gezogen.

Der ganzen Perversion dieses Krieges nicht genug, war neben der Westfront gegen Frankreich und der Ostfront gegen das Zarenreich die dritte Front in den Alpen, wo im Mai 1915 das vorher mit Österreich-Ungarn und Deutschland verbündete Königreich Italien, der K.-u.-k.-Monarchie und etwas später dem Kaiserreich Deutschland den Krieg erklärte.

Es kam daraufhin zu den zwölf Schlachten entlang des Isonzotals auf über 3000 Meter hohen Berggipfeln der Alpen.

Die Truppen beider Nationen schleppten doch tatsächlich unter unsäglicher Anstrengung Tonnen von Ausrüstung wie Nahrung, Wasser und Kriegsgerät, Kanonen und Maschinengewehre auf die Berggipfel, um sich dort oben gegenseitig totzuschießen.

Viele hundert arme Esel, die mit tonnenschweren Kanonen auf die Berggipfel geprügelt wurden, hat man dann, als deren Belohnung, auf den Berggipfeln geschlachtet und aufgegessen.
Eine Stellung der K.-u.-k.-Truppen war auf dem Ortlergipfel in 3850 Meter Höhe. Diese Stellung war der höchste Schützengraben Tirols.

Von den Opfern der Isonzoschlacht kam ein großer Teil durch Lawinen, Erfrierungen und Geröllabsprengungen um. Der Winter 1915 auf 1916 war ein Jahrhundertwinter. Heute weiß man, es war wirklich der kälteste Winter des letzten Jahrhunderts. Diese Kälte auf den Berggipfeln war für die kämpfenden Soldaten meist schlimmer als die Maschinengewehre und Kanonen des Feindes.

In dem Eis und Fels auf über 3000 Meter Höhe konnten die Toten nicht begraben und die Verletzten nicht versorgt werden. Die Regimenter hausten in eiskalten felsigen Höhlen zwischen Blut, Scheiße und den Toten, wie ein Soldat nach dem Krieg schrieb. Dazu Tag und Nacht die Schreie der Verwundeten und Sterbenden.

Trotz der damaligen Ansicht, dass wer die Berggipfel besetzt habe auch die Täler besitze, ist es für mich ein Zeichen vom totalen Irrsinn der Menschheit, bei Eis und Schnee extra alles an Kanonen und Ausrüstung auf 3000 Meter und mehr zu schleppen, um sich gegenseitig umzubringen, was man eigentlich unten im Tal genauso hätte machen können.

Die Menschen werden diesen Irrsinn aber bis zu dem Zeitpunkt fortführen, an dem sie sich auf diesen Planeten selbst ausgerottet haben.

Das Ende der Menschheit

Der Klimawandel wird das Leben auf der Erde massiv verändern, daran besteht kaum ein wissenschaftlicher Zweifel. Die Autoren eines neuen australischen Klima-Berichts aber glauben, das Ausmaß der Zerstörungen könnte aktuelle Vorhersagen übertreffen und bereits in 30 Jahren das Ende der Menschheit einleiten.
Die Autoren dieses Berichts sind die Australier Ian Dunlop und David Spratt.

Da ist es heute schon völlig egal, welche Maßnahmen sich Deutschland mit 80 Millionen Einwohnern zur Bekämpfung der globalen Erderwärmung ausdenkt, da dies keine Wirkung darauf hat, was allein China und Indien mit zusammen fast 2,8 Milliarden Menschen an klimaschädlichem Verhalten generieren oder nicht generieren.

Klimaveränderungen haben nicht nur Europas Geschichte entscheidend beeinflusst, sondern die der ganze Erde. Sie spielten für den Aufstieg und Fall vieler vergangener Zivilisationen eine nicht unbedeutende Rolle. Die Völkerwanderungen germanischer Stämme zum Ende der Antike trugen wesentlich zum Untergang des Weströmischen Reiches bei. Auslöser dafür waren Klimaveränderungen und die Hunnen.

Afrika ist heute nach der Polarregion der mit am stärksten vom Klimawandel betroffene Erdteil. Anderseits würde eine weitere Erwärmung der ausgetrockneten Sahelzone am südlichen Sahararand künftig Niederschläge bescheren, da der westafrikanische Monsun sich dadurch weiter nach Norden ausdehnen würde – vielleicht.

Da aber der Klimawandel voranschreitet, müssten um zu überleben mehr als eine Milliarde Menschen aus tropischen Zonen umgesiedelt werden. Ebenso werden über zwei Milliarden Menschen in einigen Jahrzehnten unter dramatischem Wassermangel leiden.

Europa und besonders Deutschland, wenn sie ihre Bevölkerung vor dem totalen Chaos bewahren wollen, müssten sich beeilen um Strategien zu entwickeln, wie die Grenzen zu schützen sind. Millionen Klimaflüchtlinge werden uns sonst überrennen und hoffnungslos ausrauben. Dagegen sind die heutigen Zahlen von Flüchtlingen nur ein Tropfen auf den heißen Stein.

Stephen Hawking, einer der bekanntesten Physiker, gehörte zu den größten Wissenschaftlern aller Zeiten. Er sah als die größte Bedrohung für das Fortbestehen unserer Spezies den Menschen. Öfters warnte er schon vor einem selbstverschuldeten Untergang durch die Erderwärmung, einen Atomkrieg, durch Gentechnik erzeugte Viren oder durch Entwicklungen in Wissenschaft und Technik.

Es ist zwar vermessen, wenn ich als Nichtphysiker einem Stephen Hawking bezüglich der Ursache für die Erderwärmung, verursacht allein durch den Menschen, widerspreche.

Ich mache es aber trotzdem, da dies diesem Kapitel widersprechen würde.
Das Leben ist schon öfters in der Erdgeschichte fast zur Gänze vernichtet worden, durch dramatische Klimaveränderungen, durch kosmische

Ereignisse oder durch Vulkanismus, aber nie durch Mercedes-Benz-350-Diesel-SUVs und auch nicht durch Audi-Diesel-SUVs.
Es dauerte dann jeweils Millionen Jahre, bis sich das Leben immer wieder erholte.

Was aber, wie Stephen Hawkins ausführt, unbestritten als zusätzliche Ursache für ein Aussterben des Lebens auf diesem Planeten hinzukommt, ist der Mensch.

Durch die exponentielle Vermehrung seiner Gattung und der damit einhergehenden steigenden Emission an Kohlendioxid werden die Temperaturen zusätzlich ansteigen. Dies wird schon in wenigen Jahrzehnten dramatische Auswirkungen für Menschen, Tiere und Pflanzen haben.

Zum Beispiel werden auf kurzer bis mittlerer Sicht am Persischen Golf, im Nahen Osten und in Nordafrika Temperaturen herrschen, die diese Gebiete für Menschen und Tiere unbewohnbar machen.
Der Klimawandel wird diese Region mit ihren über 500 Millionen Einwohnern besonders extrem treffen.

Wie eine Studie des Max-Planck-Instituts zeigt, dürften Temperaturen von heute 53 Grad und mehr bis zur Mitte des Jahrhunderts auf 80 Grad steigen.

Schon heute ist am Persischen Golf im Sommer beim Auftreten hoher Luftfeuchte ein längerer Aufenthalt im Freien selbst für gesunde Erwachsene gefährlich. Dabei steigt die gefühlte Temperatur bis auf 70 Grad an.

Da die Erde derzeit das schlimmste Artensterben seit 65 Millionen Jahren erlebt, verursacht nicht wie die letzten fünfmal durch Naturkatastrophen, sondern hauptsächlich durch den Menschen, hat ein fast 200 Jahre altes Zitat von Thathanka Iyotanka, Häuptling der Hunkpapa-Lakota-Sioux-Indianer, den wir als Sitting Bull kennen, einen makaberen Sinn bekommen.

„Was wird aus dem Menschen,
wenn alle Tiere verschwunden sind?
Wenn sie alle verschwunden sind,
wird der Mensch im Geiste und in
der Seele verlassen sein.

Denn alles, was den Tieren widerfährt,
wird auch dem Menschen widerfahren.
Sterben zuerst die Tiere, wird anschließend auch der Mensch sterben".

Für das heutige Ansteigen der Bevölkerungszahlen in Europa durch den derzeitigen Ansturm von Millionen, hauptsächlich nach Deutschland, ist im Wesentlichen das Handy und das Internet die Ursache.

Das Leben in Afrika, besonders in den Maghrebstaaten, oder in Afghanistan, Pakistan Syrien usw., die verdreckten Städte und der Mangel an Süßwasser zwischen Steinen und ausgetrockneter Erde ohne grüne Landschaften und Wälder, das Fehlen von Infrastruktur und Bildung sowie einer demokratischen Politik und Gesellschaft, ein korruptes Rechtssystem und eine alles beherrschende Religion, ständige kriegsähnliche Verhältnisse unter Religionsgemeinschaften und Stammesgesellschaften, Frauen in schwarze Kutten gehüllt, wo nur ein Sehschlitz die einzige Öffnung ist, grausame Beschneidungen der weiblichen Genitalien, unerträgliche Trockenheit und Temperaturen bis über 53 Grad (Bagdad), Armut und Arbeitslosigkeit usw.

Alles dies ist aber kein heutiges neues Paradigma, sondern es herrscht schon seit Jahrhunderten vor. Neu ist aber, dass die Menschen im Handy mittels Internet unsere grüne Landschaft sehen, die gemäßigten Temperaturen und Süßwasser im Überfluss, die (noch) sauberen Städte und Dörfer.
Alle fahren ein Auto, Frauen mit modischer Bekleidung, die Weiblichkeit unterstreichend, und alleine oder mit Freundin in Cafés oder beim Shoppen usw.
Davon machen diejenigen, die schon hier sind, mittels Smartphone schöne Fotos und schicken diese via Internet nach Hause.

Bei den Geschichten, die man bei uns natürlich auch genauso hören will und die afghanische junge Männer bezüglich Grausamkeiten der Taliban erzählen, frage ich mich, warum die Afghanen vor 40 Jahren nicht geflohen sind, als die Russen 1979 ganze zehn Jahre in Afghanistan Krieg geführt haben.

Wenn heute, wie ich dauernd sehe, hunderte junge afghanische Männer in die Fernsehkameras hinein von den grausamen Taliban erzählen, verstehe ich nicht, dass alle Reporter nicht ein einziges Mal die

Frage stellen, warum diese ganzen „geflohenen“ Männer ihre Frauen, Schwestern, Kinder und Mütter bei den so grausamen Taliban zurückgelassen haben.
Könnte es sein, dass eine das ganze Leben umfassende Religion, der sie alle angehören und die nie eine Säkularisation erfuhr, ursächlich mit dem Problem zu tun hat?

Natürlich sagen sie auch nicht, dass Frauen im Islam und insbesondere in Afghanistan einen ganz anderen Stellenwert als bei uns haben und dort kleine Mädchen verkauft werden wie die Ziegen. Sie sagen auch nicht, dass wenn ein Fernfahrer ein achtjähriges Mädchen zu seinem Vergnügen gekauft hat und dieses Kind später mal spurlos verschwindet, keine afghanische Polizeibehörde deswegen irgendwelche Nachforschungen anstellt.

Die dort stationierten Truppen der ISAF (darunter 3200 Bundeswehrsoldaten) haben strikte Anweisung, sich in diese landesspezifischen Dinge auf keinen Fall einzumischen.

Es sind natürlich auch die unvergleichlich besseren Lebensbedingungen und unsere Alimentierungs-veranstaltung, die Millionen zur „Flucht“ nach Europa animierte und animieren wird. Ein besonders lukratives Ziel für Afrikaner, Afghanen, Syrer, Iraker, Iraner, Türken, Mazedonier, Albaner usw. ist, Dank unserer Willkommensstruktur, Deutschland.
Das nette Selfie dazu mit unserer Bundeskanzlerin und einem Flüchtling Wange an Wange, ging um die halbe Welt.
Somit hatten schon im Jahr 2019 laut statistischem Bundesamt 21,2 Millionen Menschen und somit 26 Prozent der Bevölkerung in Deutschland einen Migrationshintergrund.

Im Deutschen Bundestag sagte mal Frau Dr. Alice Weidel zur Flüchtlingspolitik in Deutschland: „Wer Armut importiert, wird selber arm und kann niemandem mehr helfen.“

Deutschland kann dann pro Jahr keine 25,2 Milliarden US-Dollar für Entwicklungshilfe (nach den USA mit 30,5 Milliarden US-Dollar weltweit an zweiter Stelle) mehr ausgeben.
Was ich allerdings bis heute in diesem Zusammen-hang auch nicht verstanden habe ist, warum die

deutsche Presse und alle involvierten Institutionen immer von „ aus Seenot geretteten Flüchtlingen“ sprechen. Begeben sich denn diese an der afrikanischen Nordküste nicht bewusst in diese lebensgefährliche Situation.
Selbst war ich mit einem Schiff oftmals im Mittelmehr unterwegs und müsste daher schon erklären können, was Seenot bedeutet.
Da besteht natürlich immer die Gefahr einer Seenot, sonst bräuchte man ja keine Rettungsmittel an Bord mitzuführen.

In einem überfüllten und hoffnungslos untermotorisierten Schlauchboot ist das aber keine Seefahrt, sondern eine bewusst herbeigeführte Selbstmordaktion, die mit einem gewissen Prozentsatz auch zum Untergang führt.
Die sogenannten Rettungsaktionen, ein paar Meilen vor der Küste, sind von vornherein mit einkalkuliert. Oder glaubt jemand, die wollen von Afrika in einem überfüllten Schlauchboot und kleinem Außenborder bis Malta fahren.

Allerdings ist der Weg durch die Sahara noch lebensbedrohender als übers Mittelmeer. In Libyen angekommen werden sie wie Sklaven zusammengetrieben, die jungen Frauen vergewaltigt und die Männer geprügelt.

Ein Freund von mir, ein bekannter Strafverteidiger, erzählte mir mal von einer Gerichtsverhandlung, bei der ein Dolmetscher aus einem afrikanischen Land dabei war.
Dieser sagte dem Rechtsanwalt, dass er von Afrikanern nicht nur einmal hörte, dass man auf so einem mit 98 Prozent Männern überfüllten Boot die Frauen auf hoher See einfach über Bord geworfen hat, um Platz zu schaffen.
Da freuen wir uns schon, wenn viele solche netten Menschen nach Deutschland kommen.
Sie bringen uns auch viel mit, ihre Gewalt, ihre Kriege und ihre Infektionskrankheiten, nicht nur aus Afrika, sondern aus der ganzen islamischen Welt.

Ein großer Teil der Bevölkerung in Deutschland will, keiner weiß eigentlich so richtig den Grund dafür, dass Millionen Menschen aus diesen Ländern zu uns kommen und wir dies mit vielen Milliarden Euro finanzieren.

Was ich auch nicht verstehe ist, dass ich die letzten zwölf Monate von meinem Parkplatz in der Stadtmitte meines Wohnortes geschätzt dreimal so viele Rentner wie noch vor ein paar Jahren sehe, die in dem Abfallbehälter gegenüber nach leeren Flaschen und Dosen suchen.
Die gleichzeitig vorbeispazierenden Afrikaner und arabisch aussehenden, hauptsächlich jungen Männer suchen nicht in dem Abfalleimer und sind durchwegs gut gekleidet und mit Handy ausgestattet. Die offensichtlich deutschen Rentner sehen dagegen allesamt furchtbar abgerissen und heruntergekommen aus.

Fluchtursachen und Völkerwanderungen gab es auch immer wieder durch drastische Klimaveränderungen, ausgelöst durch Vulkanausbrüche.

Die gesamte menschliche Spezies wurde bis auf wenige tausend Individuen ausgelöscht, als vor 74 000 Jahren der Vulkan Toba in Sumatra ausbrach. Es war der größte Vulkanausbruch der letzten zwei Millionen Jahre. Er soll etwa 2800 Kubikkilometer Vulkanasche in die Luft befördert und die Sonneneinstrahlung auf die Erde für lange

Zeit beeinträchtigt haben. Nur in einigen tropischen Regionen Afrikas überlebten einige wenige Steinzeitmenschen.

Einer der größten Supervulkane ist der Yellowstone im Yellowstone Nationalpark der USA. Der letzte Ausbruch war vor 640 000 Jahren. Ein erneuter Ausbruch wäre eine weltweite Katastrophe.
Wolken aus Schwefelgasen legten sich Jahre um die Erde und blockierten die Sonnenstrahlung –das globale Klima kühlte sich dramatisch ab und Hungersnöte wegen der dann nicht mehr funktionierenden Photosynthese sowie der Zusammenbruch der Weltwirtschaft wären die Folge.
Da die wenigen noch verfügbaren Lebensmittel dann ein Vielfaches kosten würden, verhungerten als erstes jene zwei Milliarden Menschen, die jetzt schon Mangel an einer ausreichenden Ernährung leiden.
Die Frage eines Ausbruchs ist hier nicht, ob er geschieht, sondern wann. Vulkanologen sehen aber aktuell keine Gefahr eines zeitnahen Ausbruchs.

Erst vor kurzem fanden Forscher Beweise für einen bis heute nicht bekannt gewesenen Ausbruch des

indonesischen Vulkans Rinjani im Jahre 1257. Gigantische Mengen von Schwefel gelangten damals in die Atmosphäre. Dadurch kühlte sich die Erde so weit ab, was eine über hundert Jahre dauernde Kaltzeit mit extrem kalten Winter und heftigen Niederschlägen in den Sommern brachte. Globale dramatische Ernteeinbußen und Hungersnöte waren die Folge.
Weltweite historische Aufzeichnungen, die von einer kleinen Eiszeit sprechen, konnten dies bestätigen.

Ein wesentlicher Auslöser für die Französische Revolution von 1789 war die Nahrungsmittelknappheit durch Missernten in den vorangegangenen Jahren, ausgelöst durch den Ausbruch des Vulkan Lakagigar auf Island.
Es war die größte Katastrophe Islands der Neuzeit. Der Himmel war für Monate verdunkelt und es starben durch den Ascheregen tausende Menschen.

Die Auswirkungen waren sogar auf dem Festland in Frankreich noch Jahre zu spüren und die dadurch verursachten Missernten von 1788 ließen die Menschen hungern.

Der Ascheregen vergiftete die Ernten und das Vieh verendete auf der Weide.
Marie Antoinette, Königin von Frankreich soll gesagt haben, nachdem man ihr berichtete, dass das Volk kein Brot mehr zu essen habe, „dann sollen sie halt Kuchen essen".
Allerdings führte sie selbst mit ihrem Gemahl Ludwig XVI, einen riesigen Haushalt, der ungeheure Summen verschlang. Die königliche Familie versorgte regelmäßig 15 000 Menschen, davon allein 6000 Bedienstete.
Das Hofleben in Versailles mit allen Festivitäten und Gästen verschlang Unsummen.

So gesehen verloren Marie Antoinette und ihr Gemahl Ludwig wegen einer Klimaveränderung in Frankreich, die durch den isländischen Vulkanausbruch entstand, ihre Köpfe auf der Guillotine.
Auf die Guillotine folgten ihnen dann während der Revolution, je nach Schätzung, noch 25 000 bis 40 000 Menschen.

Der gefährlichste Supervulkan in Europa, der die ganze nördliche Hemisphäre oder sogar die ganze Erde in eine Katastrophe stürzen könnte, ist 20 km

westlich vom Vesuv entfernt: die Phlegräischen Felder.
Sie beginnen am Stadtrand von Neapel und sind mit ihrer Ausdehnung von 150 Quadratkilometern um ein Vielfaches gefährlicher als der Vesuv auf der anderen Seite von Neapel, der am 24. August 79 n. Chr., mit zwei gewaltigen Eruptionen und einer 30 km hohen Gas-Aschewolke die beiden römischen Städte Pompeji und Herculaneum komplett zerstörte. Dabei kamen 5000 Menschen ums Leben, alle anderen konnten fliehen.

Dies mit einer Auswurfmenge von „nur“ 3,3 Kubikkilometern. Die Auswurfmenge der Phlegräischen Felder war beim größten Ausbruch 75-mal größer, nämlich 250 Kubikkilometer.

Ein Ausbruch der Phlegräischen Felder hätte apokalyptische Auswirkungen. Hungersnöte, Flüchtlingsströme und anarchistische Zustände würden die Versorgung der Bevölkerung massiv bedrohen. Mit dem Ascheregen würde ein „nuklearer“ Winter in weiten Teilen Europas die Landwirtschaft zum Erliegen bringen.
Die drittgrößte Stadt Italiens – in der Region Neapel leben drei Millionen Menschen – wäre

durch einen Ausbruch völlig zerstört. Eine giftige Gaswolke würde die ganze Erde bedecken. Die weltweit verminderte Sonneneinstrahlung durch einen „nuklearen“ Winter könnte für weite Regionen der Erde das Ende der Zivilisation bedeuten.

Seit Jahren rumort es neuerdings kräftig in diesem riesigen Vulkansystem. Forscher wie Prof. Dr. Roberto Moretti vom Nationalen Institut für Geophysik und Vulkanologie in Neapel warnen davor, dass ein Ausbruch unmittelbar bevorstehen könnte.

Dieselbe Warnung sprechen Vulkanologen und Forscher vom Deutschen Geoforschungszentrum in Potsdam aus.

Francesca Forni und ihr Forscherteam von der Eidgenössischen Technischen Hochschule in Zürich erklärten kürzlich in einem wissenschaftlichen Fachmagazin, dass sich die Hinweise eines baldigen Ausbruchs der Phlegräischen Felder verdichten.

Erdbeben kann man nicht vorhersagen, einen Vulkanausbruch mit einiger Wahrscheinlichkeit.

Unter der Erdoberfläche befindet sich eine gigantische Magnakammer von 400 Quadratkilometern, mit einer Verbindung zum Vesuv in zehn Kilometern Tiefe.
Laut Professor Paolo Gasparini von der Universität Federico II. in Neapel, ist die Kammer rund sechsmal größer als bisher angenommen.

Die Auswurfmengen der letzten Eruptionen der Phlegräischen Felder vor 15 000 und vor 39 000 Jahren waren größer als die Auswurfmengen beim Ausbruch des Krakataus 1883 in Indonesien, bei dem 36 000 Menschen starben und die des Tamboras vor 205 Jahren, ebenfalls in Indonesien, durch dessen Auswirkungen viele Menschen in Europa verhungerten oder auswanderten, weil auf den Feldern kaum noch etwas wuchs.
Dauerregen ließ die Ernten vermodern und das Vieh verenden. 1816, ein Jahr nach dem Ausbruch, gab es in Europa und Nordamerika keinen Sommer und in manchen Gegenden schneite es im Sommer und der Schnee blieb das ganze Jahr über liegen.

Für die heute lebenden Menschen ist die Gefahr des Ausbruchs eines Supervulkans mit weltweiten Auswirkungen schon deshalb abstrakt, da in ihrer

und auch in der Lebensspanne ihrer Großeltern und Urgroßeltern Derartiges nicht vorkam.
Sonst wäre es auch nicht möglich, dass auf der Caldera der Phlegräischen Felder heute über 1,5 Millionen Menschen lebten und im „Einzugsgebiet“ des Vesuvs über drei Millionen.

Einer der spektakulärsten Vulkanausbrüche, die sich in der Zeitspanne des 20. Jahrhunderts ereigneten, war 1980 der Ausbruch des Mount St. Helens. So dramatisch die Explosion des Vulkans im Nordwesten der USA auch war, bei der eine Energie von 1000 Hiroshima-Bomben freigesetzt wurde und die 57 Menschen das Leben kostete, war dieser Ausbruch mit einem Ausstoß von 1,2 Kubikkilometern aber eher ein bescheidenes Ereignis im Vergleich zum Ausbruch eines Supervulkans.

Ich will an dieser Stelle eigentlich keine Auflistung von allen Untergangszenarien erstellen. Ob es kosmische Ereignisse sind, nukleare Verseuchung, Vulkanismus, Viren, Bakterien oder extreme klimatische Veränderungen, sie können alle das Leben auf der Erde teilweise oder total auslöschen.

In den vergangenen 500 Millionen Jahren wurde es fünfmal fast vollständig ausgelöscht. Ursachen waren Vulkanausbrüche, Meteoriteneinschläge, Eiszeiten sowie extreme klimatische Veränderungen.

Extreme klimatische Veränderungen sind Eiszeiten, die lange Zeit in der Erdgeschichte einen konstanten Rhythmus von 40 000 Jahren einhielten. Vor etwa einer Million Jahren änderte sich dieser Rhythmus abrupt auf etwa 100 000 Jahre. Seit dieser Zeit ist die Erde alle 100 000 Jahre fast vollständig mit Eis bedeckt.
Durch einen Klimawechsel vor 12 000 Jahren, als die letzte Eiszeit, in der die Gletscher die Hälfte von Europa, Amerika und Teile Asiens bedeckten, zu Ende ging, wurde es auf der Erde immer wärmer. Die Erzählungen von einer großen Sintflut, die es ähnlich in fast allen Kulturen gibt, sind wahrscheinlich aus einer Zeit überliefert, als es zu Beginn der heutigen Warmzeit 1000 Jahre fortdauernd regnete.

Vor 5000 Jahren entstanden dann durch das immer wärmer werdende Klima die großen Wüsten wie

die Sahara mit einer Ausdehnung von zwölf Millionen Quadratkilometern.
Vor 11 000 bis 5000 Jahren herrschte in der Sahara ein feuchtes, tropisches Klima vor. Die ganze heutige Sahara, die etwa so groß ist wie die USA, wurde von mächtigen Flüssen durchströmt und war von vielen Menschen und Tieren bewohnt.
In der Mitte der Sahara war ein See, der breiter war als das heutige Kaspische Meer. Dieser See, der noch in der Antike vorhanden war, wäre heute der größte See der Erde.
Da sich alle 20 000 Jahre das Klima in der Sahara von trocken zu feucht und umgekehrt ändert, wird in 10 000 Jahren alles, was heute Wüste ist, wieder grün sein.
Viele alte Kulturländer des damaligen fruchtbaren Halbmondes wie Mesopotamien, Assyrien, Babylonien, aber auch Ägypten trockneten vor 5000 Jahren immer mehr aus.
Wenn man heute mit dem Flugzeug diese Länder überfliegt, sieht man die vielen ausgetrockneten Flussbette. Länder, die vor dieser Zeit noch fruchtbar waren und in denen eine paradiesische Vegetation vorherrschte.

Die Menschen siedelten wegen der dann fortschreitenden Trockenheit immer mehr an den Flussufern.

In dieser Klimaveränderung, die die letzte Eiszeit beendete, befindet sich die Erde noch heute. Es wird sukzessive wärmer werden, die Wüsten werden sich weiter ausbreiten und auch die Gletscher werden langsam verschwinden. Eine weitere Folge davon wird sein, dass die Eismassen in Grönland und in der Antarktis abschmelzen und der Wasserspiegel der Ozeane um mehrere Meter steigt.
Das abschmelzende Eis der Arktis dagegen wird den Wasserspiegel, wie viele meinen, nicht erhöhen, da es ja schon im Wasser schwimmt und damit die Verdrängung sich ja nicht verändert.

Durch die sogenannte positive Rückkopplung wird dieser Prozess noch verstärkt. Durch einen Rückgang von Meereis wird auch weniger Sonneneinstrahlung reflektiert und dadurch mehr Wärme absorbiert. Diese Wärme wird wiederum im Meerwasser gespeichert. Dies setzt einen Kreislauf in Gang, dass wenn mehr Eis schmilzt das Wasser wärmer wird und daher noch mehr Eis schmilzt.

Wir Menschen mit unserer kurzen Lebensspanne bekommen diese langfristigen Klimaveränderungen nur marginal mit. Kurzfristige klimatische Bedingungen, die dem langfristigen Trend scheinbar widersprechen, werten wir fälschlicherweise als langfristige Klimaprognose.

Die vermehrte Einbringung von Süßwasser in die Ozeane beeinflusst das System der Meeresströmungen im Atlantik nachhaltig.
So transportiert der Golfstrom mit einer Energieleistung, die der von zwei Millionen Atomkraftwerken entspricht, warmes Wasser aus der Äquatorregion bis in den Nordatlantik. Dort gibt das Wasser seine Wärme ab und wird dadurch kälter, dichter und schwerer und sinkt wieder ab.
Verdünnt süßes Schmelzwasser aus Grönland und der Arktis dieses stark salzhaltige Wasser, wird es dadurch immer leichter und kann nicht mehr so leicht von der Oberfläche in die Tiefe absinken.

Der Antrieb der thermohalinen (haline; altgriechisch „Salz“) Zirkulation in den Ozeanen wird somit verändert und zieht weltweite Klimaveränderungen nach sich. In Europa haben wir dann ein Klima wie in Sibirien. Ost- und Nordsee frieren ganz zu und Eisbären treiben sich auf Sylt herum.

Man weiß heute aufgrund von Sedimentbohrungen im grönländischen Eis, dass eine Unterbrechung des Nordatlantikstroms, also des Golfstroms, der nördlichen Hemisphäre in wenigen Monaten eine kleine Zwischeneiszeit bescheren kann.
Noch vor wenigen Jahren glaubte man, dass dieser Prozess Jahrzehnte dauern würde.

In den 20er Jahren des letzten Jahrhunderts hat man durch Untersuchungen in Sedimentschichten der Erde erkannt, dass die Erdbahnparameter ursächlich für das Klimageschehen sind.

Der Geophysiker Milutin Milanković hat dies als Erster entdeckt.
Daher spricht man von den Milancović-Zyklen.

Milancović hat herausgefunden, dass die Erdachsenneigung gegenüber einer imaginären Ebene, in der die Erde um die Sonne kreist, sich in einem Zyklus von ungefähr 40 000 Jahren verändert. Dadurch verändern sich die Klimazonen auf der Erde.

Der zweite Milanković-Zyklus beschreibt die Veränderung der Erdachse, die in einem Zeitraum von etwa 25 800 Jahren eine Art Kreiselbewegung ausführt.
Ein dritter Parameter, der das Klima der Erde beeinflusst, ist die Umlaufbahn der Erde um die Sonne. Sie verläuft nicht im Kreis, sondern bildet ein Oval, ist also ellipsoid, immer mit einer Geschwindigkeit von 100 000 Kilometern pro Stunde. Diese Form ist veränderlich und schwankt innerhalb von 100 000 Jahren hin und her.
Diese zyklischen Veränderungen, die für das menschliche Verständnis in sehr langen Zeiträumen ablaufen, werden als eigentliche Ursache für die regelmäßigen Schwankungen zwischen Kalt- und Warmzeiten der Erde gesehen.

Kürzere Veränderungen der Intensität von Sonneneinstrahlung auf die Erde wird verursacht durch die sich regelmäßig verändernde Anzahl der Sonnenflecken auf der Sonne. Bei diesem elfjährigen Zyklus ist bei weniger Sonnenflecken die Strahlung im ultravioletten Spektrum geringer, was eine geringere Erwärmung der Erdatmosphäre bedeutet und umgekehrt.

Von den 406 Trillionen Sonnen, die es nur im für uns beobachtbaren Teil des Universums gibt, ist unsere Sonne ein Winzling. Auch ihre Leuchtkraft ist bescheiden. Zum Beispiel hat die Sonne UY Scuti die fünfmilliardenfache Leuchtkraft unserer Sonne.

Galaxien wie unsere Milchstraße bestehen im Durchschnitt aus 100 bis 400 Milliarden Sonnen. Allein im für uns sichtbaren Universum gibt es etwa 100 Milliarden Galaxien.
Wenn man jeder Sonne nur einen einzigen Planeten zurechnet – unsere Sonne hat 8 Planeten – gäbe es im (für uns sichtbaren) Universum 406 Trillionen Planeten. Das ist eine Zahl mit 21 Nullen.
Dies wären so viele Planeten, wie es Wassertropfen in allen Ozeanen gibt. Oder auch so viele, wie es Sandkörner in allen Wüsten und Stränden der Erde gibt. Hier überhaupt nur die Frage aufzuwerfen, ob wir die einzigen intelligenten Lebewesen im Weltall sind, ist m. E. der völligen Ignoranz der Realität, der völligen Unkenntnis oder dem gravierenden Mangel generell etwas zu begreifen, geschuldet.
Um noch eins draufzusetzen, jeden Tag entstehen 275 Millionen neue Sterne.

Um vom Titel nicht zu sehr abzuschweifen, noch das ad absolutum finem von allem.

Sollte sich die Menschheit nicht vorher schon selbst ausgerottet haben, das Ende kommt unausweichlich. Das Ende kommt dann, wenn unsere Sonne stirbt, und das wird sie.

Unsere Sonne durchläuft einen Lebenszyklus, der vor 4,6 Milliarden Jahren begann. Seitdem wurde ihre Strahlungsintensität immer stärker. Seit Bestehen der Erde bis heute nahm diese um etwa 35 Prozent zu. Die Temperatur auf der Erde war in der ersten Milliarde der Erdgeschichte aufgrund einer hohen Konzentration von Treibhausgasen trotzdem nicht kälter als heute, sondern erheblich wärmer.

Der Wasserstoffvorrat der Sonne reicht zwar nochmal für etwa fünf Milliarden Jahre, solange wird sie strahlen und dabei immer heißer werden. Aber schon in einer Milliarde Jahre wird es auf der Erde so heiß werden, dass die gesamte Landmasse nur noch aus Wüste bestehen wird. Sämtliche Vegetation wird dann nicht mehr vorhanden sein. Anschließend wird die gesamte Oberfläche der Erde nur noch aus flüssigem Gestein bestehen.

In zwei Milliarden Jahren werden die Ozeane und alles Wasser durch die dann vorherrschende Sonneneinstrahlung völlig verdampfen.

Selbst wenn die Menschheit in ferner Zukunft das Ende des Sonnensystems überleben sollte, indem sie andere Planeten besiedeln würde, ist aber auch hier das Ende des Universums vorhersehbar.

Dass sich das Universum, das vor 14 Milliarden Jahren entstand mit zunehmender Geschwindigkeit immer weiter ausdehnt, entdeckte wie schon gesagt 1929 Edwin Hubble. Mit seinem Nachweis, dass entfernte Galaxien eine Fluchtbewegung ausführen, beschrieb er die Grundlagen für die Urknalltheorie, mit der er das Weltbild entscheidend prägte.
Mit Bestimmungen von Spektralanalysen vermaß Hubble die Größen und Geschwindigkeiten von Galaxien und Sternen.

Die drei gängigsten Theorien zum Ende des Universums basieren auf dieser Tatsache.

Der „Big Crunch“, wenn die Gravitation im Zentrum des Universums stärker wird als die der ganzen auseinanderdriftenden Materie, geht alles im Rückwärtsgang wieder zum Ursprung zurück. Es kann sein, dass es anschließend zu einem neuen Urknall kommt.

Der „Big Rip“
Die ganze Materie im All zerfällt in subatomare Teilchen und alle Materie ist zerstört.

Der „Big Freeze“
Diese Theorie wird als die wahrscheinlichste angesehen. Das Weltall dehnt sich immer weiter und weiter aus. Die Folgen der steten Expansion sind, dass das Universum immer mehr abkühlt. Nach einer für uns nicht erfassbaren Zeitspanne von Billionen von Jahren ist nicht mehr genug Gas vorhanden, um neue Sterne zu bilden. Den vorhandenen Sonnen geht der „Brennstoff“ aus und sie verlöschen. Nach etwa hundert Billionen Jahren gibt es nur noch ausgebrannte kalte Sonnen und Planeten ohne Leben.

Diese Erwähnungen über das Ende unserer Sonne und des ganzen Sonnensystem wie auch über das Ende des Universums sind um der langen Zeiträume wegen für die heutige Menschheit eigentlich absurd.

Philosophisch und auch unter dem Aspekt von Religionen sind sie aber meiner Meinung nach schon beachtenswert.

Wenn den Menschen vor einigen Generationen schon der Himmel geographisch verloren gegangen ist, geht dann durch die astronomische Erkenntnis vom absoluten Ende des ganzen Universums auch die Vorstellungswelt von Jenseits, Seele, Gott, Himmel, Reinkarnation usw. verloren?

Wo ist dann eigentlich der Ort, wo wir uns alle mal wiedersehen und wo ist Allah oder Gott, wenn nichts mehr existiert.
Allerdings wissen wir heute noch nicht einmal, was überhaupt „nichts“ bedeutet.

Die Bedrohungslage

Berthold Brecht hat dazu ein passendes wie auch ambivalentes Zitat verfasst;

„Stell dir vor es ist Krieg und keiner geht hin."

Dies ist aber nur der erste Teil. Der zweite Teil wird von denen, die diesen ersten Teil aus ideologischen Gründen gerne postulieren, unterschlagen.

„Aber dann kommt der Krieg zu dir".

Nach den tausenden grauenhaften Kriegen und Gemetzeln mit Milliarden Opfern in der Geschichte der Menschheit, wo sich erst noch vor 75 Jahren allein die Toten eines Landes, der Sowjetunion, im letzten Weltkrieg auf 27 Millionen beliefen, oder im Ersten Weltkrieg nur während einer einzigen Schlacht, an der Somme, annähernd eine Million Briten, Franzosen und Deutsche durch Granaten zerrissen, in Stücke gehackt oder zu Brei gestampft wurden, machen wir uns glauben, dass dies ja alles Vergangenheit und damit vorbei ist.

Dies ist ein riesengroßer Irrtum, da jeder Krieg, der unverhofft begann eine Vergangenheit hatte und trotzdem begann.
Um sich heutzutage in Gesellschaft und Politik „gesellschaftskonform" zu verhalten, ist es unbedingt notwendig, so zu tun, als passiere Derartiges bei uns nie wieder.
Alle Warner werden als Miesmacher oder Spaßbremsen abgetan.

Viele bei uns sind auch fest davon überzeugt, dass das „reiche" Deutschland noch viele Millionen aus der ganzen dritten Welt aufnehmen und alimentieren kann. Meistens solche, die diesen „Reichtum" im Wesentlichen nicht geschaffen haben und oftmals heute schon von diesem ganz gut profitieren.

Ich sorge mich um meine Enkel.
Die Bedrohungslage heute sind die Gegensätze der Kulturen, vermischt mit der gefährlichen Rückkehr von Religionen, was in der Zukunft noch mehr fanatisch-religiöse fundamentalistische Gesellschaften hervorbringen wird. Diese werden nicht scheuen, ihr dann vielleicht vorhandenes Nuklear-

potential, oder viel kostengünstiger, ihr biologisches Waffenpotential einzusetzen. Im Augenblick sind 90 Prozent der weltweiten Terroranschläge islamistisch motiviert.

Sie werden, wenn sie sich einer strategischen Überlegenheit sicher sind, genauso wenig Skrupel haben, die Ungläubigen zu töten, wie die Christenmenschen bei Ankunft in Mittel- und Nordamerika auch keine Skrupel hatten, die „ungläubigen" Indianer und Indios millionenfach zu massakrieren.
Auch die Kreuzzüge sind nicht vergessen, wie man oftmals im Zusammenhang mit Hasstiraden über die Ungläubigen hört.

Nach all diesem Gemetzel der Menschheit kommt mir die heute nach außen dargestellte humanitäre Gefühlsduselei von den vielen angeblichen Gutmenschen affig vor.
(Es liegt mir aber fern, mit diesem Ausdruck unsere Verwandten, die Affen, zu diskriminieren.)

Wenn man von diesen Leuten verlangen würde, ihre eingebildete Empathie selbst aus eigener

Tasche zu finanzieren, wären es schlagartig um 90 Prozent weniger.
Dabei bezahlt gerade der Teil der Bürger, der in der höchsten Steuerprogression besteuert wird und auf die man deshalb besonders neidisch ist, mit Abstand das meiste Geld seines Einkommens für soziale Zwecke, da vom Bundeshaushalt inzwischen mehr als die Hälfte in Sozialausgaben fließt. Dafür praktizieren andererseits dann die meisten in Deutschland Empathie, immer nur mit dem (Steuer-) Geld der Anderen.

Gerade diese Leute sind es, die das Gefahrenpotential in unserem Land noch zusätzlich gesteigert haben und noch steigern werden. Die Dummheit der Massen war aber größtenteils schon immer die Ursache für das Grauen in der Welt. Wie sonst konnte es dazu kommen, dass sie noch vor ein paar Generationen rothaarige Frauen mit Volksfest und Gejohle lebendig als Hexen verbrannten.

Und auch die Nationalsozialisten sind 1933 nicht durch einen Putsch an die Regierung gekommen, sondern wurden in einer demokratischen Wahl vom Volk gewählt. Das Ergebnis dieser Entscheidung des Volkes war die völlige Zerstörung und Zerschlagung Deutschlands sowie unendliches Leid durch Millionen Tote und Millionen an Körper und Seele Verstümmelte.

Dies sind dieselben Menschen, die mir begegnen, wenn ich mit meinem schönen Hund Arthur in der Natur spazieren gehe, und sich furchtbar freundlich geben: „Ja ist das ein schöner Hund."
Wenn dann der „schöne Hund" am Wegrand (nicht auf dem Weg) auch mal kacken muss, sind dies die Ersten, die sich darüber furchtbar aufregen und sich gar nicht mehr in die Reihe kriegen.
Oder, was auch immer wieder vorkommt, dass hasserfüllte kranke Perverse Rasierklingen in ein Stück Fleisch geben, damit sich ein Hund die ganze Speiseröhre aufschneidet und grässlich verendet.

Für das Bedürfnis eines Tieres, das biologisch auf derselben Entwicklungsstufe steht wie sie selbst, fehlt ihnen dann schlagartig die Empathie. Dabei machten die Menschen vor ein paar Generationen noch dasselbe, nämlich ihre Notdurft in der freien

Natur zu verrichten. Auch wird deren Kacke, feinstofflich gesehen, trotz Kläranlage auch nicht von diesem Planeten verschwinden.
Aber in einer Welt von Eau de Parfum und Eau de Toilette und von Gucci und Louis Vuitton passen die Exkremente eines Tieres nicht mehr dazu.

Dabei werden andererseits die Ausscheidungen von Millionen Tieren aus der Nutztierhaltung tonnenweise über die Wiesen und Felder verteilt. Die ganzen Bäche sind nur noch Gülleabflüsse, da der Regen alles schön verteilt, vor allem ins Grundwasser, das wir trinken.

Die Printmedien haben aber jetzt die meisten Hundebesitzer so weit gebracht, dass sie die natürlichen Ausscheidungen ihrer Hunde in Plastiktüten einsammeln.
Wenn Außerirdische dies zum ersten Mal sehen und zu beurteilen hätten, wer die Herren der Erde sind, würden sie sagen, die Hunde.
Die Menschen tragen denen nämlich ihre Kacke in Plastikbeuteln hinterher.
Als unser Hund gestern am Inndamm, zwei Meter neben dem Weg, im Gestrüpp sein Geschäft

machte, pöbelte mich ein Jogger und Wichtigmacher mit Frau und einem Kind im Schubwagen an „aufsammeln wäre schon schön“.

Viele glauben und erzählen sich gegenseitig jeden Tag aufs Neue, was sie in diesen Printmedien gesehen oder gelesen haben. Natürlich auch, was sie im Fernseher sahen.
Gerade der letzte amerikanische Präsident diente den deutschen Journalisten offensichtlich als so eine Art Politclown. Warum wurden sonst immer nur solche Fotos veröffentlicht, auf denen er besonders dümmlich rüberkam.

Bei jedem Kaffeehaus oder Wirtshausgespräch über die Tagespolitik war man ein gern gesehener Diskussionspartner, wenn man über den amerikanischen Präsidenten Donald Trump etwas Negatives zur Diskussion beitrug. Man gehörte dann in der Runde einfach dazu.
Sagte man dagegen etwas Positives über ihn, seine Frau oder über seine schöne Tochter, wurde man völlig entgeistert angesehen und mit misstrauischem Blick gemustert.

So wie er dargestellt wurde, muss es wohl so sein, dass man völlig verwirrt sein muss, um Präsident des mächtigsten und reichsten Landes auf diesem Planeten zu werden.
Dass außer Fußballer nur die unseriösen Geschäftemacher oder nur die völlig skrupellosen Halbverbrecher Millionen oder sogar Milliarden verdienen, wusste man bei uns ja schon immer.

Dazu hatte Donald Trump alles, was man haben muss, um den Massen suspekt zu sein. Zu alledem kommt bei uns ja noch ein beträchtliches Neidpotential hinzu.

Als 74-Jähriger eine 24 Jahre jüngere schöne und intelligente Ehefrau, ein Vermögen laut Forbes von 3,1 Milliarden Dollar und eine für 100 Millionen Dollar exklusiv ausgestattete Boeing 757 als Privatflugzeug, sowie alles andere.
Dies alles wurde in den USA der Bevölkerung erst so richtig bekannt, als er Präsident war.
Auch in Deutschland wusste man ja vorher nichts über einen Donald Trump.
Bei der Wiederwahl wurde ihm dies alles natürlich zum Hemmschuh, da auch in den USA die sozialistische Komponente in den letzten Jahren immer

größer wurde. Da hat heute ein Milliardär keine Chance mehr.
Dabei hatte Donald Trump mit seinem harten finanzpolitischen Kurs, der sich in dem Slogan „America First“ bündelt, für das Land absolut recht. Dass mit dieser nationalen und gegen die Globalisierung gerichteten Politik alle anderen Staaten „beleidigt“ waren, ist verständlich.
Dabei ist die Autarkie in diesem Land so fundamental ausgeprägt, wie in keinem anderen auf der Erde und schließlich wollten ihn knapp 50 Prozent der Amerikaner bei der Wahl wieder als Präsident haben.

Das amerikanische Handelsdefizit war seit Jahren entsetzlich für das Land. Die Amerikaner kauften in den USA nur noch Waren, die im Ausland hergestellt wurden und nicht von amerikanischen Arbeitern in Amerika. Die wunderten sich aber über die immer höher steigenden Arbeitslosenzahlen.

Für den Export amerikanischer Autos nach Europa kassierten z. B. die Europäer 10 Prozent Einfuhrsteuern.

Für den Export europäischer Autos nach Amerika verlangten die USA dagegen nur 2,5 Prozent Einfuhrsteuern.

Würde man ein Buch über die Ökonomie der USA in den letzten Jahrzehnten schreiben, könnte man diese Beispiele noch lange fortführen.
Nur noch das eine. Ende der 60er Jahre lernte ich noch, dass der Jahresumsatz von General Motors größer war als der Haushalt der Bundesrepublik Deutschland.
Dann ließ die amerikanische Handelspolitik zu, dass das Land überschwemmt wurde mit Honda, Datsun, Toyota, Mazda, Nissan, Mitsubishi und Suzuki. Das war dann der Abstieg von GM.

Die Leute bei uns kannten weder Herrn Trump noch irgendjemand anderen aus der amerikanischen Regierung persönlich, wussten aber immer genau, ob der Präsident gerade einen Schnupfen hat oder mit seiner Ehefrau streitet.

Sie kannten auch niemand von den 3,2 Millionen Angestellten (davon 1,4 Millionen Militärangehörige) des US-Verteidigungsministeriums und auch

nicht den Secretary of Defense, den Verteidigungsminister der USA. Nebenbei der größte Arbeitgeber der Welt (vor Walmart).
Auch keinen der 117 000 Beschäftigten der US-Geheimdienste, die über ein Jahresbudget von 53 Milliarden US-Dollar verfügen.

Aber viele bei uns brauchen auch keine 117 000 Geheimdienstmitarbeiter, da sie ja ihre Presse und die öffentlich-rechtlichen Rundfunk- und Fernsehanstalten haben und deshalb mehr wissen, als die ganze amerikanische Regierung.
Sie wussten daher auch, ob der amerikanische Präsident Trump einmal gehustet hat, zweimal oder gar nicht.

Ich möchte dazu nur so viel sagen, dass ich dem deutschen Fernsehen nicht mal mehr den Wetterbericht glaube, geschweige denn etwas anderes. Besonders wegen der Zwangsabgabe für die deutschen Fernsehanstalten, die natürlich der deutschen Regierung sehr, sehr dankbar für diesen Milliarden Geldsegen sein müssen, da dieser sonst per Gesetz wieder gestrichen wird.

Ein Beispiel dafür war auch, dass viele Menschen in Deutschland vor einigen Jahren vehement gegen eine Intervention der Amerikaner im Irak waren. Sie waren es ausschließlich deswegen, weil die deutsche Presse dagegen war.
Jedenfalls ließen die Vereinigten Staaten und Großbritannien damals über die Medien verbreiten, dass eine wachsende und akute Bedrohung durch Massenvernichtungswaffen des Irak besteht.
Diese konnten dann nicht gefunden werden und eine angenommene Verbindung zum Terrornetzwerk Al-Qaida bestätigte sich auch nicht.

Die amerikanische Regierung mit ihren hunderttausenden Mitarbeitern macht eine Politik für dieses Jahr, für nächstes Jahr und versucht auch für die nächsten 50 Jahre eine zu machen.
Und da war es opportun, ein islamisch-faschistisches Großreich unter der Führung Saddam Husseins zu verhindern. Saddam Hussein hatte dazu bereits Kuwait überfallen und annektiert, und wenn nichts geschehen wäre, hätte er als nächstes die Vereinigten Emirate kassiert.
Dann hätte er die Sauds aus Saudi Arabien verjagt. Allerdings nur, wenn er militärisch dazu in der Lage gewesen wäre.

Es ist nämlich typisch für islamische Länder und Gesellschaften, dass sie sich maßlos überschätzen. Der ganze Iran hat z. B. ein Bruttoinlandsprodukt, das gerade mal dem des Großraums von Los Angeles entspricht.
Hört man aber die Statements iranischer Mullahs oder auch anderer Iraner, so geben sie sich, als wären sie noch vor China die zweite Weltmacht. Und das glauben die wirklich.

In einer Panzerschlacht der Amerikaner mit dem Irak, bei der die Amerikaner in der Wüste innerhalb einer Woche alle irakischen Panzer zerstörten, wussten z. B. hunderte irakische Elitegarden in ihren Panzern überhaupt nicht, wo der Feind ist, der sie gerade beschießt und zerstört. Und die hat Saddam Hussein vorher als die schrecklichsten Kampfmaschinen angekündigt.

Bei alledem hätte er aber versucht, Israel auszulöschen, um den Iran auf seine Seite zu bringen. Allerdings hat Israel Atomwaffen, wo es aber unklar sein dürfte, ob nicht der Iran dann ebenfalls mit Nuklearwaffen entsprechend geantwortet hätte, und ob dem Iran überhaupt schon Nuklearwaffen zur Verfügung standen.

Somit waren allein geopolitische Interessen der USA (und auch Großbritanniens) der wirkliche Grund für diese Intervention und sonst nichts. Natürlich spielen nebenbei auch wirtschaftliche Interessen und das Erdöl eine Rolle.
Alles andere mit den Waffeninspektoren und Antiterrorexperten war ein inszeniertes Presse-Theater für das Volk in Amerika und Europa.

Die Militärausgaben der USA betrugen 2019 732 Milliarden US-Dollar. Das ist mehr als der Rüstungsetat der nächsten zehn Länder zusammen, die am meisten für Rüstung ausgeben.

Trotzdem gibt China 2019 allein 231 Milliarden US-Dollar aus. Das ist immerhin viermal soviel wie Russland.
Zusätzlich kommt in China aber noch viel Geld für die Rüstungsindustrie aus anderen Haushalten.

Somit wird auch China sich neben den USA mit seinem gewaltigen militärischen Potential als Weltmacht positionieren wollen oder ist schon dabei. Nach Einschätzung des US-Verteidigungs-

ministerium dürfte China sein Arsenal an Atomsprengköpfen im Verlauf der nächsten Dekade mindestens verdoppeln.
Noch hat China aber nicht die technologischen Kompetenzen, um mit den USA gleichzuziehen. Die Wissensstrukturen hierüber sind auch noch zu grün, was sich aber in einigen Jahren verändert haben wird.
Trotzdem formuliert das Land schon heute diese Weltmachtpläne sehr selbstbewusst. Bis 2025 will China zum Hightechland aufsteigen und bis 2050 die USA endgültig als Wirtschafts- und Militärmacht Nummer eins ablösen.

Es ist sicherlich nur eine Utopie, aber meiner Meinung nach verfolgt China nicht nur den Plan, die Weltmacht Nummer eins zu werden, sondern in der Zukunft einen Menschheitstraum (oder Alptraum) zu verwirklichen, nämlich eine Weltregierung zu etablieren. Natürlich unter der Vorherrschaft Chinas.
Alle Menschen werden dann unter permanenter digitaler Kontrolle und Überwachung dieser Regierung sein. Dafür gibt es keine Kriege und Konflikte mehr unter den Staaten, da diese ja dann nicht mehr existieren.

Andererseits werden notwendige Entscheidungen über Maßnahmen für das Überleben von acht, neun oder mal zwölf Milliarden Menschen durch 194 Einzelstaaten auch nicht gerade von Erfolg gekrönt sein.
Für einen sofortigen Stopp der sukzessiven Zerstörung unserer Biosphäre schon gar nicht.
So entstehen schon heute berechtigte Zweifel, ob Demokratien für die Zukunft die geeigneten Gesellschaftsformen sein werden, um unangenehme, aber überlebensnotwendige Entscheidungen durchzusetzen.
Gefahren für unser Leben werden zukünftig nicht nur Kriege um Ressourcen oder religiöse Weltanschauungen sein, sondern auch Terroranschläge auf die weltweit 442 Atomkraftwerke mittels Flugzeugen oder Raketen. Ebenso Anschläge auf Verkehrssysteme wie den Zugverkehr und aufs Trinkwasser.

Neben der größten Gefahr von Angriffen mit biologischem und chemischem Know-how auch solche mit „schmutzigen Bomben“, die zwar mit konventionellem Sprengstoff detonieren, aber radioaktives Material an die Umwelt abgeben.

Radioaktives Material wurde bereits mehrmals in der Vergangenheit gestohlen oder ist spurlos verschwunden in: China, Irak, Kasachstan, Spanien, Mexiko, Brasilien, Ägypten und Venezuela.

Weil an radioaktives Material vergleichsweise einfach heranzukommen ist, wundert man sich sogar, warum ein Anschlag mit einer schmutzigen Bombe noch nicht stattfand. Laut Terrorexperten ist ein solcher eher überfällig als unwahrscheinlich.

Der Super-GAU

Als es im März 2011 in Fukushima durch ein Erdbeben und einen Tsunami zu einem Super-GAU in 3 Reaktorblöcken des Kernkraftwerkes Fukushima Daiichi kam, wurden erhebliche Mengen radioaktiver Stoffe in die Atmosphäre exportiert. Die radioaktive Verseuchung war ähnlich der freigesetzten Menge in Tschernobyl.
Es kam in drei Reaktoren zur Kernschmelze, wobei das Ausmaß der dadurch erfolgten atomaren Verstrahlung bis heute nicht abzuschätzen ist.
Wegen der Strahlung mussten daraufhin 160 000 Menschen ihre Häuser und Wohnungen verlassen und wurden umgesiedelt.
Um die Tragweite so einer Maßnahmen richtig deuten zu können, muss sich jeder vorstellen, seine Heimatstadt wird umgesiedelt.

Was mich dabei besonders berührt ist, dass über eine Million Hunde, Katzen und Nutztiere elendig verdursteten und verhungerten.
Die Bewohner glaubten, sie wären in einigen Tagen wieder zurück. Wie aufgetragen, ließen sie

ihre Tiere zurück – angekettet oder eingesperrt, versorgt mit Nahrung und Wasser für ein paar Tage.
Die Tiere, die in der Obhut der Menschen diesen vertrauten, konnten weder was zu Essen „einkaufen“ noch weglaufen.
Die Menschen rechneten nicht damit, dass sie für immer ihren Häusern fernbleiben mussten.
Die unschuldigen Tiere, die einen elenden Tod hatten, konnten absolut nichts dafür, dass Menschen Atomkraftwerke bauen und sich dermaßen vermehren, dass sie den dadurch wachsenden Energiebedarf durch diese bewerkstelligen müssen.

Den Energiebedarf zur Beleuchtung ganzer Städte, für Werbeanlagen, für Straßen, für Geschäftspassagen, für Restaurants, für Fernseher und alles andere.
In Fukushima lagern jetzt fast eine Million Tonnen kontaminiertes Kühlwasser aus den Reaktoren in 1000-Tonnen-Tanks und täglich kommen 160 Tonnen dazu. Wann dies zu Ende geht ist nicht feststellbar.
Dieses kontaminierte Wasser will man jetzt komplett im Pazifik entsorgen.

Man darf davon ausgehen, dass seit 2011 bereits viele Tonnen radioaktiv verseuchtes Wasser einfach im Ozean entsorgt wurden.
Es verseucht nicht nur die japanische Nordostküste, sondern den gesamten Pazifik.

Als die ersten Atomkraftwerke in Deutschland in Betrieb gingen, versicherten Politiker aller Couleur, dass ein GAU, ein „größter anzunehmender Unfall", mit Kernschmelze und Austritt von Radioaktivität theoretisch in 500 Jahren höchstens einmal passieren könnte.
Jetzt hat innerhalb von 25 Jahren schon zweimal ein Super-GAU stattgefunden.
Nach der Explosion des Atomkraftwerkes Tschernobyl im April 1986, bei dem die 1000 Tonnen schwere Versiegelungsklappe des Reaktors wegflog und radioaktive Partikel tonnenweise in die Atmosphäre hinausgeschleudert wurden, traf ich mich in München in der Landesleitung der CSU, mit dem damaligen Bundesinnenminister Friedrich Zimmermann.
Über mögliche Auswirkungen einer Strahlenbelastung durch Radionuklide in Bayern, sagte der Minister dasselbe, was er anschließend auch im

Fernsehen verkündete, „dass eine Gefährdung der deutschen Bevölkerung absolut auszuschließen sei“. Eine Gefahr bestünde nur im Umkreis von 30 bis 50 Kilometern rund um den Reaktor.

Innenminister Dr. Friedrich Zimmermann – Günther A. Gerhager

Ich glaube, dass damals die Russen mit Informationen nicht gerade Inflationär umgingen, da die Atommeiler von Tschernobyl nicht nur für die Stromerzeugung betrieben wurden, sondern auch für die Gewinnung von jährlich 1,2 Tonnen waffenfähigem Plutonium und zweitens, er zu diesem Zeitpunkt es auch nicht besser wusste.

Die Kollektivdosis (der Begriff „Kollektivdosis“ wird verwendet, um die gesamten gesundheitlichen Auswirkungen einer Freisetzung von Radioaktivität bei einer bestimmten Bevölkerung abzuschätzen) des Niederschlags von Tschernobyl ist in der übrigen Welt und besonders bei der Bevölkerung in Westeuropa zweimal so hoch wie in Weißrussland, der Ukraine und Russland. Das bedeutet, dass in Westeuropa zweimal mehr zusätzliche Todesfälle durch Krebs zu erwarten sind.

Dabei stand damals ganz Europa und Asien am Rande einer noch größeren Katastrophe. Hätte sich der heiße Reaktorkern, der zehn Tage brannte, durch die Bodenplatte gebrannt, wäre die enorme Radioaktivität in das Grundwasser gelangt und hätte sich in der nördlichen Hemisphäre verbreitet. Zwei Monate lang gruben deshalb tausende Bergleute und Pioniere einen 135 Meter langen Tunnel unter dem Reaktor, der mit Beton gefüllt wurde. Und dies bei 60 Grad Hitze im Tunnel und einer tödlichen Strahlung vor dem Tunnel. Man verglich in Russland diese Männer mit denen, die im Ersten Weltkrieg in die Schützengräben von Verdun befohlen wurden, was auch für die meisten den sicheren Tod bedeutete.

Von den Feuerwehrleuten, die als Erste vor Ort waren und die glaubten, es handelte sich um einen normalen Brand, sind anschließend alle nach Tagen unter schrecklichen Schmerzen gestorben. Ihnen hatte von der tödlichen Strahlung niemand etwas gesagt. Von den Bergbauarbeitern starb jeder Vierte an Krebs oder strahlungsbedingten Krankheiten. Die anderen haben schwere Strahlenschäden mit entsprechender Lebenserwartung.

Für den Einsatz auf dem Dach des Reaktors 3, die geborstenen tödlich strahlenden Graphitbrocken mit einer Schaufel wieder in den durch die Explosion offenen Reaktor 4 zu werfen, wurden hunderttausende junger Soldaten aus der ganzen damaligen Sowjetunion verpflichtet. Jeder durfte wegen der Strahlung nur 90 Sekunden auf dem Dach bleiben. Dabei bestand ihr ganzer Schutz aus selbstgebastelten Bleiplatten, die sie sich lose umhängten.

Anschließend bauten sie eine neue Hülle für den zerstörten strahlenden Reaktor. Niemand sagte ihnen etwas von der wirklichen Gefahr durch die Radioaktivität.

Über die Zahl dieser sogenannten Liquidatoren, die in Tschernobyl im Einsatz waren, kursieren Zahlen von 500 000 bis zu 1,2 Millionen. Sie wurden unmittelbar nach dem Unglück den höchsten Strahlendosen ausgesetzt. Zigtausende sind anschließend elendig verstorben.

Dabei beginnt im Körper ein langsamer Zerfall in Einzelteile. Da durch den Strahlenbeschuss die Chromosomen zerstört sind, werden die abgestorbenen Zellen nicht mehr erneuert. Die Haut lässt sich am ganzen Körper abziehen. Da Schleimhäute wie die Darmschleimhaut und das Gewebe absterben, verfault der Körper regelrecht, bis der Tod eintritt. Mehr als 90 Prozent sind von den noch Lebenden schwer erkrankt.

Aus der direkten Umgebung des Reaktors wurden über 330 000 Menschen umgesiedelt. Sie waren in den ersten Tagen nach dem Unglück Strahlendosen ausgesetzt, die etwa über dem 150-fachen der natürlichen Strahlung liegen. Um das AKW wurde eine 30 Kilometer breite Sperrzone gezogen, die aufgrund der Strahlung unbewohnbar ist.
Insgesamt wurden schätzungsweise 200 000 Quadratkilometer verseucht, 70 Prozent davon in der

Ukraine, in Weißrussland und Russland (zum Vergleich: Deutschland hat eine Fläche von ca. 350 000 Quadratkilometern).

Bei bis zu 80 000 in der Tschernobylregion geborenen Kindern traten genetische Schäden auf. In Weißrussland erkrankten seit dem Unglück über 10 000 Menschen an Schilddrüsenkrebs. Von der Ukraine bis nach dem damals noch sowjetischen Litauen rieten Ärzte tausenden Frauen zu einem Schwangerschaftsabbruch.

Die bis heute nicht bewältigte Katastrophe von Tschernobyl war der Anfang vom Ende der UdSSR. Die Atomruine mit 200 Tonnen strahlendem Uran im Inneren ist jetzt eine tickende Zeitbombe. Die Gegend um das AKW kann wegen dem dort gelagerten Plutonium, das eine Halbwertszeit von 24 100 Jahren hat, nicht mehr bewohnt werden.

Die Kosten, die wegen Tschernobyl auf Deutschland bis 2019 zukamen, waren 1,2 Milliarden Euro. Allein in 2020 werden es 43 Millionen Euro sein. Die weltweiten Folgekosten belaufen sich auf 646 Milliarden Euro.

Tschernobyl ist heute nicht der einzige Ort in Russland, der durch Radionuklide verstrahlt ist. Ab 1955 wurden in Nowaja Semlja an der Russischen Arktisküste 130 Atombombentests durchgeführt.

Die darunter größte Bombe aller Zeiten war die „Zarenbombe“ mit einer Sprengkraft, die eine Stärke von 4500 Hiroshima-Bomben hatte. Der radioaktive Niederschlag dieser Bombe betraf die gesamte nördliche Hemisphäre. Dazu kommen die Atomreaktoren von 13 sowjetischen U-Booten, die vor Nowaja Semlja versenkt wurden, mit insgesamt 37 Billiarden Becquerel.

Zusammen mit der jahrelangen Verkippung von tausenden Tonnen Atommüll, die genaue Menge ist im Westen nicht bekannt, trägt dieser Ort zu den weltweit am stärksten kontaminierten Orten bei.

Dies ist nur ein Beispiel für die radioaktive Verseuchung unserer Erde. Selbstverständlich haben auch die USA, Frankreich, Japan, Großbritannien und andere Länder ebenso dazu beigetragen.

Die USA beendeten 1958 ihre oberirdischen Atomtests im Südpazifik. Trotzdem ist diese einst paradiesische Südseewelt heute noch weit mehr mit Radioaktivität belastet als die Gebiete um Tschernobyl und Fukushima.

Insgesamt gab es bis heute 2058 Atomexplosionen, durchgeführt von acht Staaten, wobei auf Russland (715) und die USA (1032) insgesamt 85 Prozent kommen.

Durch die von 1945 bis 1980 durchgeführten Atombombentests, die zusammen eine Sprengkraft von 29 000 Hiroshimabomben hatten, schätzt die mit dem Friedensnobelpreis ausgezeichnete Organisation IPPNW, dass in Europa etwa 2,4 Millionen Menschen an den Folgen oberirdischer Atomtests verstorben sind.

Es wäre ein dickes Buch zu füllen, wie der Mensch dabei ist, sein Habitat sukzessive zu verseuchen. Da braucht es gar keinen thermonuklearen Krieg mehr.

Von der Bevölkerung bei uns ist gar nicht richtig wahrgenommen worden, was es eigentlich bedeutet,

wenn wegen der radioaktiven Verseuchung der Böden heute noch Waldfrüchte wie Pilze, die es seit Jahrmillionen gibt, jetzt überhaupt nicht mehr oder nur einmal wöchentlich gegessen werden sollten.
Auf den Märkten findet man häufig Pilze aus Weißrussland, die sind komplett radioaktiv verstrahlt. Aus diesem Grund liefert man die Pilze zuerst nach Litauen oder in andere Länder, bevor sie dann bei uns als litauische Pilze auf den Märkten verkauft werden.
Noch immer ist eine signifikant erhöhte radioaktive Belastung der Böden vor allem in Süddeutschland und Tirol vorhanden.

In Frankreich stehen 58 Atomkraftwerke. Die vorherrschende Windströmung weht von West nach Ost, also von Frankreich nach Deutschland.

In Cattenom, 12 km von der deutschen Grenze entfernt, stehen vier Reaktorblöcke.
Seit der Inbetriebnahme vor 30 Jahren wurden mehr als 800 meldepflichtige Vorfälle registriert.
Wenn es dort zu einem schweren Unfall oder einem Terroranschlag kommt, eine Katastrophe die unwahrscheinlich ist, aber die nächsten Stunden schon eintreten kann, dann können die Menschen

bei entsprechender Westwetterlage in Bayern und in Baden Württemberg ihre Häuser und Wohnungen sowie alles vergessen, was sie sich mühsam aufgebaut haben. Sie müssen froh sein, wenn sie ihr Leben oder ihre Gesundheit behalten.
Auch ein Artilleriebeschuss auf ein AKW würde ausreichen, um eine weltweite Katastrophe auszulösen.

Viele Menschen glaubten an einen solchen Terroranschlag bereits bei dem durch einen Selbstmörder herbeigeführten Absturz einer German-Wings-Maschine 2015 in Südfrankreich. Dieser Absturz erfolgte nur etwa 15 Flugminuten, etwa 200 km östlich, von fünf französischen Atomkraftwerken, aufgereiht an der Rhone, entfernt.
Unsere Bundeskanzlerin wusste aber gleich am Tag nach dem Absturz des Airbus 320-211 an einem Berghang (und teilte dies auch in einer TV-Ansprache mit), dass es kein terroristischer Anschlag war und auch, „dass sich jegliche Spekulation über die Absturzursache verbiete“.

Andererseits, wo nehmen zukünftig mal neun oder zwölf Milliarden Menschen den Strom her, wenn

durch einen dramatischen Anstieg der Temperaturen auf der Erde das Leben nur noch in einem mittels Klimaanlagen gekühlten Umfeld möglich ist.
Ebenso wenn die Produktion von Nahrungsmitteln sowie die Haltung von Nutztieren ebenfalls von einer Klimatisierung abhängt.
Länder in der dritten Welt, die es sich dann nicht leisten können, künstlich gekühlte Lebensräume bereitzustellen, werden unbewohnbar.

Das gleiche beträfe die Nahrungsmittelproduktion bei einem „nuklearen Winter", ausgelöst durch den Ausbruch eines Supervulkans oder nach einem thermonuklearen Krieg.

Sind dann nicht Atomkraftwerke eine überlebenswichtige Technologie, um weiter zu existieren.
Die Ambivalenz dieser Feststellung ist mir natürlich bewusst. Aber dies ist gerade das Problem mit der Akzeptanz dieser Technologie.

Können wir als Lösung all dieser Probleme 50 Prozent der Menschheit liquidieren, was natürlich

schlagartig eine effiziente Wirkung auf alle Umwelt- und Energieprobleme haben würde? Nein, das können wir nicht.
Obwohl Verschwörungsanhänger dies felsenfest behaupten, dass mittels eines Corona-Impfstoffs die halbe Menschheit getötet werden soll.

Also fördern wir z. B. in Deutschland finanziell weiter die Vermehrung der Menschheit bis zum bitteren Ende einer Reduzierung durch die Erderwärmung oder durch Massenvernichtungswaffen oder entsprechend anderer globaler Ereignisse.

In Ländern der Dritten Welt, insbesondere in Afrika, auf dem Balkan, in Ländern des Nahen Ostens wie auch in Südasien bekommen die Menschen Kinder wie am Fließband. In vielen Gegenden in Afrika denken sie immer noch, viele Kinder bedeuten Wohlstand und soziale Absicherung im Alter.
Viele aber denken wahrscheinlich an gar nichts, da dort auch heute noch zehn Kinder der Normalzustand sind.

Für Nachschub ist somit gesorgt und obwohl sie den Kindersegen paradoxerweise schon lange nicht mehr selbst ernähren können, hilft der Westen mit Milliarden für Nahrungsmittel.

Die USA sind mit über 30,5 Milliarden US-Dollar weltweit die größten Geber von Entwicklungshilfe. Das kleine Deutschland ist mit 25,2 Milliarden US-Dollar an zweiter Stelle (2017).
Trotzdem monieren aber bei uns Gutmenschen und Sympathisanten hauptsächlich linker und grüner Provenienz, dass das „reiche“ Deutschland noch mehr Hilfe leisten könnte oder dass gleich alle diese Menschenmassen zu uns kommen, wobei der Anfang der Umsiedlung ja schon im Gange ist.

Ebenso ambivalent wie die Frage der Energiesicherung ist die Weiterentwicklung der Waffensysteme.
Es klingt zwar fantastisch, aber sollten uns mal feindlich gesinnte extraterrestrische Lebewesen (oder Roboter) überfallen, werden sicher der Faustkeil oder Pfeil und Bogen nicht die adäquaten Abwehrwaffen sein.
Nach heutigem astronomischen Erkenntnisstand liegt dies nicht im Bereich des Unmöglichen.
Falls wir dann auch so naiv wären, wie es die Indianerstämme Mittelamerikas beim ersten „Besuch“

von Cristobal Columbus waren, könnte dies dann auch unser Ende bedeuten. Trotzdem Grüße an Erich von Däniken.

Auch könnte es in der Zukunft wichtig für das gesamte Überleben auf diesem Planeten sein, wenn entsprechende Weiterentwicklungen von Raketen mal einen anfliegenden Asteroiden unschädlich machen können.
Dazu plant die NASA schon heute ein Asteroiden-Verteidigungssystem.

Ein solcher Asteroid mit Kurs auf die Erde wurde vor zehn Jahren von der NASA entdeckt.
Der Asteroid 2009JF1, der mit einer Geschwindigkeit von 60 000 km/h auf uns zurast, hat einen Durchmesser von 15 Metern. Im schlimmsten Fall, wenn das Objekt am 6. Mai 2022 auf der Erde einschlagen würde, hätte es eine Zerstörungskraft von 15 Hiroshima-Bomben, was einer Sprengkraft von 230 000 Tonnen TNT entspricht.
Selbstverständlich erscheinen den heutigen Menschen solche Szenarien weit hergeholt, da sich in den letzten Generationen Derartiges nicht ereignete.

Aber konnten sich die Menschen in Deutschland in den 30er Jahren auch nur im Entferntesten vorstellen, wie Hamburg, München, Dresden, Berlin, Ludwigshafen und andere Städte einige Jahre später nach den Bombenteppichen der Alliierten aussehen würden.

Oder konnten sie sich 2019 vorstellen, dass die ganze Welt ein Jahr später mit Atemschutzmasken rumläuft, weil ein Virus bis heute schon über zwei Millionen Menschen das Leben gekostet hat, oder dass die Fußballspiele der deutschen Bundesliga in den riesigen Stadien ohne Zuschauer ausgetragen werden, was allerdings noch das geringste Problem dieser Pandemie ist. Dabei beginnt aber die Pandemie gerade erst richtig.

Dummheit war schon immer ein wesentlicher Grund für kriegerische Auseinandersetzungen, besonders aus religiösen Beweggründen oder sinnlosem Nationalstolz.

Wie egal ist es denn heute, nur ein paar Jahrzehnte nach dem Zweiten Weltkrieg, ob man Franzose, Deutscher, Italiener, Österreicher oder gar Engländer ist.

Als Franzose hätte ich mit Sicherheit eine Dependance auf einer der schönsten Inseln in der Karibik. Französisch-Westindien besteht aus den französischen Überseegebieten Guadeloupe, Martinique, Saint-Barthélemy und Saint-Martin. Sie sind ein Teil der Kleinen Antillen.
Hätte man dies noch vor einer Generation öffentlich gesagt, wäre man im KZ statt in Martinique gelandet.

Noch vor zwei Generationen, im Ersten Weltkrieg, massakrierten sich diese Nationen mit äußerster Brutalität untereinander.
Sogar der wunderschöne Gardasee, wo wir früher viele Jahre eine faszinierende Zeit verbrachten, war vermint. Italien führte gegen Österreich-Ungarn und Deutschland Krieg.

Krieg führten eigentlich nicht die Menschen dieser Länder, Krieg führten König Victor Emanuel III. von Italien gegen Kaiser Wilhelm II. von Deutschland und gegen Kaiser Franz Josef I. von Österreich-Ungarn, diese wiederum gegen König Georg V. von Großbritannien sowie gegen Zar Nikolaus II. von Russland und König Peter I. von Serbien.

Die damaligen Menschen ließen sich von diesen Monarchen benutzen und wurden durch ständige Kriege und Konflikte zu Millionen getötet und verstümmelt. Allerdings kam es schon 21 Jahre später, als das Volk diese Monarchen abgesetzt, verjagt oder ermordet hatte, zu einem noch viel größeren Krieg.

Jede Zeit hat andere Probleme, die es zu bewältigen gilt.

Aktuell müssen wir heute erstmals die Pandemie mit dem Coronavirus SARS-CoV-2 überstehen, anschließend die Ausplünderung der Sozialkassen im Zeitraffermodus sowie eine weltweite Rezession, die in Deutschland in eine heftige Deflation oder Inflation münden wird.

Für die Milliardenkosten der Coronakrise werden die Menschen geschröpft werden, die sich in diesem Land einen Besitz hart erarbeiteten oder auch nur von den Eltern erbten.
Jetzt kann man auch die Milliarden-Ausgaben für die Alimentierung der „Flüchtlinge“ in den Milliardenkosten für die Coronakrise unterbringen.

Dafür werden die Eigentümer von Immobilien derzeit schon von den Linken und Grünen sowie von der Presse auf eine Vermögensabgabe vorbereitet, indem man regelmäßig die Lüge und Hetze verbreitet, dass die Reichen immer reicher werden und die Armen immer ärmer.

Man faselt dann immer von den paar Milliardären im Land und meint aber in Wirklichkeit Menschen, die sich mit einer Immobilie im einstelligen Millionenbereich bewegen. Oftmals solche, die ihr ganzes Leben dafür hart arbeiteten.
Zudem eignet sich die eigene Immobilie nicht zum Vermögensaufbau, bringt aber ein ganzes Stück Lebensqualität.

Fünf Jahre null Prozent Zinsen auf Ersparnisse und Rücklagen, Kaufkraftverlust von Barvermögen in den letzten Jahren um die Hälfte, drastischer Verfall der Gewerbemieten wegen Onlinehandel und Corona-Krise sowie den dadurch erheblichen Wertverlust von Gewerbeimmobilien und Geschäftshäusern.
Dadurch wurde und wird niemand reicher, sondern permanent ärmer. Nebenbei gesagt ist jemand mit einer oder zwei Millionen Euro nicht reich, da er

vom Zinsertrag einer Million nicht mal mehr die Miete für ein Ein-Zimmer-Apartment bezahlen könnte.
Dies wurde von den Regierungen Europas bewusst durch zinspolitische Maßnahmen so konstruiert.

Damit konnten die europäischen Regierungen und besonders Deutschland die Sozialausgaben ihrer Haushalte in unermessliche Höhen treiben und die dadurch steigenden Staatsschulden durch die extrem niedrigen Zinsen erheblich günstiger finanzieren. Dafür haben sie dann die letzten Wahlen auch wieder gewonnen.
Die ständigen Wahlversprechen immer höherer Sozialgeschenke an die Masse der Wähler bezahlen die Leistungsträger dieses Landes mit ihren Steuern. Diese sind als Wählerpotential sowieso uninteressant, da sie eine Minderheit darstellen.

Die Umverteilung wird dadurch immer rigoroser. Nicht die von unten nach oben, wo die Massen derjenigen, die nichts besitzen, bis heute nicht verstanden haben, dass nur jemand „verteilen" kann, der auch etwas besitzt. Die Presse, linke und grüne Politiker, haben ihnen aber das Gegenteil so lange eingeredet, dass sie das Märchen über die

„Umverteilung von unten nach oben“ jetzt auch noch glauben.
Zudem wird diese Aussage „die Reichen werden immer reicher und die Armen immer ärmer“ weiterhin schamlos dazu benutzt, die Besitzlosen gegen die Besitzenden aufzuhetzen.
Dabei war ich immer der Meinung, dass man nichts verlieren kann, wenn man nichts hat. Arm sein kann man dehnen in sehr arm, in ziemlich arm, in total arm, in ärmer als arm, was aber alles Unsinn ist. Arm ist schon arm und nichts ist nichts.
Außer man sagt es wie Gerhart Polt, „unter Null.“

Zum Nachrechnen noch eine Beispielrechnung für alle selbsternannten Wirtschaftsexperten und solche wie ich, die in der Volksschule rechnen lernten.

Wenn ein sogenannter „Reicher“ eine Million Euro Ersparnisse und Rücklage auf der Bank hat, dann hat durch die Zinspolitik der letzten fünf Jahre und durch die dadurch angeheizte Preissteigerung bei Immobilien (Sachwerte) die Million die Hälfte an Kaufkraft verloren.

Verlust 50 Prozent.

Der „Reiche“ ist somit ärmer geworden.

Wenn ein „Armer“ 0 Euro Ersparnisse oder Rücklagen auf der Bank hat, dann hat er die letzten fünf Jahre nichts verloren.

Verlust 0 Prozent.
Der Arme ist somit nicht ärmer geworden.

Die heutige Zeit, Jahrzehnte meines Lebens, waren in den 50er, 60er, 70er und 80er Jahren eine andere Zeit.
Die gravierende Veränderungen der Menschen in unserem Lande begann eigentlich erst so um die Jahrtausendwende. Das Anspruchsdenken wurde bei vielen Jugendlichen immer größer und unrealistischer. Wo noch in den genannten Jahrzehnten solide berufliche Perspektiven erstrebenswert waren, wurden auf einmal nur noch Illusionen bis groteske Hirngespinste favorisiert.
War es bis vor wenigen Jahrzehnten noch das Fernsehen, das diese Veränderungen befeuerte, so ist jetzt das Internet das richtungsweisende Medium geworden.
Die Tragweite dieser neuen Werteordnung wird uns in einigen Jahren überraschen.

Alles dies wird aber nur noch substanziell sein, wenn, was wahrscheinlich ist, das über die Menschheit gekommene Coronavirus SARS-CoV-2 unser Leben und unser Sterben nicht von Grund auf verändert.
Bis Februar 2021 wurden über 106 Millionen mit diesem Virus infiziert und über 2,3 Millionen sind daran verstorben.
In Italien sind schon heute die Todeszahlen wegen Corona höher als die im Zweiten Weltkrieg.
Ebenso in den USA, wo bis heute mehr Menschen an COVID-19 verstarben als durch den Zweiten Weltkrieg.
Sollte eine sichere Immunisierung einmal möglich sein, wird es fraglich bleiben, ob diese einen Schutz fürs ganze Leben bringt. Auch ist bis heute letztlich nicht hinreichend erforscht, inwieweit eine bereits überstandene Infektion vor neuerlicher Ansteckung schützt.

Wenn wir die seit dem Zweiten Weltkrieg größte Krise überstehen und überleben, steht heute schon fest, dass nichts mehr so sein wird, wie es vorher war.

Kein schöner Abschluss eines Buches, das aber auch nicht den Anspruch erhebt, ein Heimatroman zu sein oder über eine heile Welt berichtet zu haben.
Eine Welt, über die man sich alles zurecht lügt.
Eher ruft die Thematik in diesem Buch Unbehagen hervor.

EPILOG

Einzelheiten über bestialische Grausamkeiten, die Menschen anderen Menschen fähig sind anzutun, habe ich in diesem Buch dem Leser und mir weitgehend erspart,

- über die perversen Grausamkeiten der Japaner bei der Besetzung von China insbesondere von Nanjing, wo bis zu 250 000 Chinesen massakriert, geköpft oder lebendig begraben wurden, oder wie Japaner Frauen und Mädchen abschlachteten,

- über die Foltermethoden der 500 Jahre dauernden katholischen Inquisition im Mittelalter, wo man in Europa von Millionen Toten und unzähligen Gefolterten und Misshandelten ausgeht,

- über die perversen und grässlichen Folterungen bei den Hexenprozessen von 1450 bis 1750, wo von den hunderttausenden Opfern über 80 Prozent Frauen waren. Gerne auch solche, die besonders jung und schön waren, da dies die Kirchenväter noch besonders aufgeilte,

- über die Massaker und die Ausrottung der indigenen Bevölkerung Mittel- und Nordamerikas,

- über den industriellen Massenmord und die schrecklichen Menschenversuche der Nazis in den Deutschen Konzentrationslagern,

- über die Folterungen und den Völkermord des 1300 Jahre währenden arabisch-islamischen Sklavenhandel in Afrika,

- über die Bestrafungs- und Foltermethoden in den vergangenen Jahrhunderten, schon bei den geringsten Vergehen. Neben Dutzenden bestialischen Grausamkeiten, die man sich ausdachte, um die Delinquenten zu malträtieren, wurde eine Bestrafungsart für Falschmünzerei und Hochverrat in England erst 1870 abgeschafft.

> Die Verurteilten wurden aufgehängt und noch vor Eintreten des Todes wieder vom Galgen abgenommen. Danach wurden ihnen bei lebendigem Leib die Gedärme aus dem Körper geholt und die Genitalien abgeschnitten. Alles wurde sofort verbrannt, dass die so Ausgeweideten dabei noch zusehen konnten. Anschließend wurden sie in vier Teile zerhackt, der Kopf abgeschlagen und die Körperteile auf Pfählen zur Schau gestellt. Die zuschauende Menge johlte dabei. Solche Hinrichtungen waren immer große Volksfeste für das zusehende Volk, wo es zu dem blutigen Spektakel viel Alkohol, Essen und Sex gab.

Zu diesen Ausführungen, die man unendlich lange fortführen könnte, möchte ich nur sagen:
„So sind die Menschen“.
Deshalb habe ich in einem meiner letzten Bücher die Schlussfolgerung getroffen:

„Vor wem man sich im Leben am meisten in Acht nehmen muss, sind die Ebenbilder Gottes“.

Günther A. Gerhager
TIERE & TIERE
Tycheverlag
ISBN: 978-3-00-047617-4

TIERE & TIERE

Ich, Anton

Mein Leben als Tier

Macht euch die Erde untertan

Massentierhaltung - Tierversuche - Seele - Reinkarnation
Quantenphysik – Glaube – Morphogenese – Materie
Geist – Urchristentum - Haustiere

Günther A. Gerhager

Günther A. Gerhager
1946
Tycheverlag
ISBN: 978-3-00-055903-7

MCMXLVI

Günther A. Gerhager